Dan Flavin

FAI
FONDO PER
L'AMBIENTE
ITALIANO

Dan Flavin   Rooms of Light

Works of the Panza Collection
from Villa Panza, Varese
and The Solomon R. Guggenheim Museum
New York

SKIRA

In copertina / Cover
Varese Corridor, 1976
Luce fluorescente verde, rosa e gialla /
Green, pink and yellow fluorescent light
558 x 2855 x 254 cm
219⁵/₈" x 1124" x 100¹⁵/₁₆"
Realizzazione *site-specific* /
Site-specific installation
The Solomon R. Guggenheim
Foundation, NY
Coll. Panza
Dono 1992, prestito permanente /
Gift 1992, on permanent loan
FAI, Villa Panza, Rustici, I piano /
Service wing, 1ˢᵗ floor
© Giorgio Colombo, Milano
(*cat. 9*)

Progetto grafico / Design
Marcello Francone

Redazione / Editing
Silvio Parini
David Stanton

Impaginazione / Layout
Serena Parini

© 2004 FAI Fondo per l'Ambiente
Italiano
© 2004 Skira editore, Milano
© Dan Flavin by SIAE 2004
Tutti i diritti riservati

Finito di stampare nel mese
di settembre 2004
a cura di Skira, Ginevra-Milano

www.skira.net

ISBN 88-7624-132-9

Distributed in North America by Rizzoli
International Publications, Inc., 300 Park
Avenue South, New York, NY 10010

Distributed elsewhere in the world by
Thames and Hudson Ltd., 181a High
Holborn, London WC1V 7QX,
United Kingdom

Dan Flavin
Stanze di luce tra Varese e New York
Opere della Collezione Panza
dal Solomon R. Guggenheim Museum, New York

Villa Panza, Varese
30 settembre – 12 dicembre 2004
30 September – 12 December 2004

La mostra è organizzata dal FAI
Fondo per l'Ambiente Italiano
in collaborazione
con il Solomon R. Guggenheim
Museum, New York / *The
exhibition has been organised by
FAI Fondo per l'Ambiente Italiano
with the support of the Solomon
R. Guggenheim Museum, New York*

Si ringrazia / We wish to thank

*Con il contributo di /
With the contribution of*

*Con il patrocinio di /
With the patronage of*

MINISTERO
PER I BENI E
LE ATTIVITÀ
CULTURALI
DIREZIONE GENERALE PER L'ARCHITETTURA
E L'ARTE CONTEMPORANEE

RegioneLombardia
*Culture, Identità e Autonomie
della Lombardia*

AMERICAN ACADEMY IN ROME

Mostra a cura di / Exhibition Curator
Angela Vettese
*con la collaborazione di /
with the collaboration of*
Giuseppe Panza di Biumo,
Laura Mattioli Rossi

Organizzazione / Organisation
Valeria Sessa, Ufficio
Manifestazioni, FAI

Allestimento / Exhibition Layout
Alessandro Scandurra

Ufficio stampa / Press Office
Ufficio stampa, FAI
Mara Vitali Comunicazione – Skira
editore, Milano

*I promotori, gli organizzatori e i
curatori della mostra sono grati
a tutti coloro che con la loro
collaborazione e la generosa
disponibilità hanno contribuito
alla realizzazione della mostra.
In particolare, desiderano
ringraziare / The promoters,
organisers and curators of the
exhibition are grateful to all those
who have contributed, with
generous collaboration.
Particularly they wish to thank*
Thomas Krens, Director e Lisa
Dennison, Deputy Director and
Chief Curator Solomon R.
Guggenheim Museum, New York
Stephen Flavin e Tiffany Bell,
Dan Flavin Archive, New York
Earl A. Powell III, Director, National
Gallery of Art, Washington
Stefania Arcari, Lisbeth Bollen,
Susan Cross, Cristiana Caccia
Dominioni, Giuseppina Caccia
Dominioni Panza, Hélène De
Franchis, Iris Fabbri, Giorgio
Gaspari, Don Giulio Greco, Vivien
Green, Giangiacomo Longoni,
Giuliana Merola, Maria Fernanda
Meza, Steve Morse, Alessandro
e Francesca Panza di Biumo,
Dana Prescott, Marco Reguzzoni,
Philip Rylands

*Referenze fotografiche /
Photo Credits*
Paolo Bobba: p. 52
Giorgio Colombo: copertina / *cover*;
pp. 18, 44; cat. nn. 7, 9, 10, 11, 12,
13, 14, 15, 16, 17, 18, 19, 20
David Heald: pp. 22, 32; cat. nn. 1,
2, 3, 4, 5, 6, 8

Ho sempre confessato, e senza complessi di inferiorità, il mio senso di estraneità nei confronti dell'arte contemporanea pensando che, quando si raggiunge una certa età, ci si riconosce più facilmente in quanto, avanguardia quando si era giovani, ora viene vissuto come arte più che consolidata. E confesso di non arrivare a comprendere fino in fondo il senso di alcune opere esposte a Villa Panza, mentre comprendo pienamente e gratamente il gesto generoso e lungimirante del dono di Giuseppe Panza.

Ma con le opere di Dan Flavin è una cosa diversa.

Non riesco a sentirle come contemporanee, cioè come appartenenti a questo immediato presente; le vivo piuttosto come a-temporali, universali, un po' come il fuoco, antichissimo e modernissimo, un dono meraviglioso che non avrà mai un preciso tempo di appartenenza. Forse è perché la luce, prima di tutto, è un fatto fisico al quale il corpo reagisce senza premeditazione, con istinto immediato, ma le installazioni di Dan Flavin hanno sempre profondamente colpito la mia anima per la loro magia prima ancora che per la loro poetica bellezza. E non mi stupisce che fra i più immediati estimatori dell'artista ci siano i bambini, anime libere da insegnamenti e preconcetti talvolta ingombranti, che si lasciano "trapassare" dalla luce – e da ciò che essa evoca – come fossero membrane trasparenti. Così è anche per me quando giro nelle stanze di luce di Villa Panza, e non lo considero un atteggiamento infantile, ma piuttosto la libertà di entrare in pieno e aderente contatto con elementi essenziali alla vita.

Le opere di Dan Flavin rappresentano la semplicità del necessario.

Sono felice quindi che, con un partner prestigioso come il Solomon R. Guggenheim Museum di New York, e sotto la guida di valenti studiosi come Angela Vettese, Laura Mattioli e lo stesso Giuseppe Panza, che ringrazio sinceramente per i loro sforzi, il FAI sia riuscito a portare a compimento una mostra di livello tanto alto. E sono profondamente grata a chi – Provincia di Varese, Regione Lombardia, Gestnord Intermediazione, Grandi Stazioni, Nescafé, Prada e Whirlpool – ha deciso di appoggiare economicamente questa iniziativa che, metaforicamente e no, riaccende le luci su Villa Panza: questo permetterà a moltissime persone di entrare in contatto con la magia e il silenzio evocativo delle stanze di luce di Dan Flavin. A tutti prometto che – allegria, emozione, misticismo, turbamento – qualcosa porterete sicuramente a casa.

Giulia Maria Mozzoni Crespi
Presidente FAI Fondo per l'Ambiente Italiano

I have always confessed, without any feeling of inferiority, my estrangement from contemporary art, as I believe one was young and is now considered completely to be well-established. I also confess that I am not sure whether I have fully grasped the meaning of some of the works in the Villa Panza collection, while I completely understand and am very grateful for Giuseppe Panza's generous and farsighted gift of his works to the FAI.

However, the works by Dan Flavin are something else. I cannot bring myself to regard them as contemporary—that is, belonging to the immediate present. I consider them to be timeless and universal, rather like fire: very ancient and, at the same time, extremely modern, a wonderful gift that will never belong to any precise period. Perhaps because light is, first and foremost, a physical phenomenon, to which the body reacts without premeditation, instinctively, the Dan Flavin installations have always deeply impressed my spirit for their magic rather than for their poetic beauty. It does not surprise me that the artist's most spontaneous admirers are children—spirits who are free from often burdensome notions and biases, and who let light and what it evokes pass through them as if they were transparent membranes. The same happens to me when I stroll through the light rooms of the Villa Panza, and I do not believe this is a childish attitude: rather it is the freedom to accept full and intimate contact with the essential elements of life.

The works of Dan Flavin represent the simplicity of the essential.

I am therefore very glad that, together with such a prestigious partner as the Solomon R. Guggenheim Museum of New York, and with the guidance of talented scholars such as Angela Vettese and Laura Mattioli, and Giuseppe Panza himself, whom I sincerely thank for their commitment, the FAI has been able to organize this important exhibition. I am also deeply grateful to the sponsors—the Provincia di Varese, Regione Lombardia, Gestnord Intermediazione, Grandi Stazioni, Nescafé, Prada and Whirlpool—who have offered their financial support for this event that, both metaphorically and literally, switches the lights on at the Villa Panza: this will allow many people to make contact with the magic and the evocative silence of Dan Flavin's rooms of light. And I am quite confident that all those who see this exhibition will be affected by it one way or another: some will be more cheerful, others thrilled; some will find mysticism in these works, others a sense of disquiet.

Giulia Maria Mozzoni Crespi
President of the FAI
Fondo per l'Ambiente Italiano

È un piacere per il Guggenheim Museum favorire la realizzazione della mostra delle opere di Dan Flavin presso Villa Panza di Varese. Il nostro museo ha un particolare e significativo rapporto storico sia con la famiglia Panza che con l'artista e nell'ambito di tali relazioni si colloca il prestito di un gruppo di opere appartenenti alla collezione Panza del Guggenheim Museum per l'esposizione nella mostra "Dan Flavin. Stanze di luce tra Varese e New York" organizzata dal Fondo per l'Ambiente Italiano. Nel 1991 e 1992 il museo ha acquisito, mediante acquisti e donazioni, una straordinaria collezione di arte minimalista da Giuseppe Panza e dalla signora Panza, comprese molte straordinarie opere di Dan Flavin. Sette di queste "situazioni", come l'artista preferiva definire le sue sculture, verranno riunite nel corso della mostra ai lavori rimasti nella collezione privata e nelle installazioni dei Panza, oggi affidate al FAI. L'insieme delle opere costituisce un omaggio sia all'enorme capacità innovativa e all'influenza di Flavin che alla sagacia di Giuseppe Panza.

L'amicizia che unisce il museo alla famiglia Panza si estende ora anche al FAI, che ha assunto l'impegno di sovrintendere e conservare la villa e la collezione per le generazioni presenti e future. Oltre alle opere d'arte donate dai Panza al FAI nel 1996, la villa ospita un importante gruppo di opere che il Guggenheim ha affidato con un prestito permanente al FAI (a sua volta il FAI ha affidato tredici opere in prestito permanente al Guggenheim). Le opere condivise dalle due istituzioni includono una serie di installazioni di Flavin, tra cui un'opera commissionata specificamente per la villa nel 1976. L'imponente Varese Corridor — una delle varie installazioni site specific (progettata cioè specificamente in funzione dello spazio espositivo) da Flavin, Robert Irwin e James Turrell e permanentemente esposta nell'ala dei "Rustici" dell'edificio settecentesco — è una testimonianza dello straordinario patrocinio e sostegno fornito dai Panza a questo movimento artistico postbellico, allora considerato radicale, nonché della loro dedizione nei confronti degli artisti, tra cui Flavin, di cui sono stati appassionati collezionisti. Giuseppe Panza ha acquistato la prima opera fluorescente di Flavin nel 1966 e ha continuato ad arricchire la sua collezione con i lavori dell'artista nell'arco dei decenni successivi.

Anche il Guggenheim nutre da molto tempo un interesse nei confronti dell'artista, i cui rapporti con il museo risalgono ai tempi in cui era ancora studente. Flavin lavorava alle dipendenze del museo nel 1957 durante la costruzione dell'edificio di Frank Lloyd Wright e questo suo antico rapporto con il museo verrà espresso nella sua opera molti anni dopo. Nel 1971 Flavin venne invitato a partecipare alla "Sixth Guggenheim International", una mostra volta a esibire i talenti più significativi del periodo. Era stato chiesto all'artista di creare un'opera site specific e, come la maggior parte delle opere prodotte nella sua maturità artistica, il lavoro riuscì a creare un dialogo con lo spazio architettonico circostante, trasformandolo. Untitled (to Ward Jackson, an old friend and colleague who, during the Fall of 1957 when I finally returned to New York from Washington and joined him to work in this museum, kindly communicated) è entrata a far parte della collezione nel 1971. Vent'anni dopo il museo ha notevolmente ampliato la propria collezione acquisendo ventuno dei principali lavori di Flavin dalla Collezione Panza. L'anno successivo l'opera commissionata all'artista nel 1971 è stata ampliata, installandola su ogni rampa e nella rotonda, in coincidenza con la ristrutturazione e riapertura del museo. Da allora il museo ha dedicato due importanti esposizioni all'opera dell'artista: "Dan Flavin" al Guggenheim Museum SoHo nel 1995, e "Dan Flavin: Architecture of Light" al Deutsche Guggenheim di Berlino, nel 1999. La nostra partecipazione all'esposizione che si terrà a Villa Panza si inserisce nell'ambito del nostro costante impegno e della dedizione nei confronti di Dan Flavin, del Fondo per l'Ambiente Italiano e della Collezione Panza. Siamo onorati di condividere con i visitatori della mostra di Varese le opere della collezione Panza del Museo Guggenheim.

Thomas Krens
Direttore, Solomon R. Guggenheim Foundation

It is a pleasure for the Guggenheim Museum to help make possible an exhibition of the works of Dan Flavin at the Villa Panza in Varese. The museum has a significant history with both the Panza family and the artist; and these relationships are reflected in the loan of a group of works from the Guggenheim Museum's Panza Collection to 'Dan Flavin. Stanze di luce tra Varese e New York' an exhibition organized by the Fondo per l'Ambiente Italiano. In 1991 and 1992 the museum acquired, through purchase and gift, an exceptional collection of Minimalist art from Dr. and Mrs. Giuseppe Panza, which included many outstanding works by Dan Flavin. Seven of these "situations," as the artist preferred to call his sculptures, will be re-united in the current exhibition with works that have remained in the Panzas' private collection and installations now under the care of FAI. Seen together, the selection is a tribute to both Flavin's enormous innovation and impact as well as to Dr. Panza's vision.

The friendship that the museum has shared with the Panza family now also extends to FAI, which oversees and preserves the villa and its collection for present and future generations. In addition to the artworks gifted to FAI by the Panzas in 1996, the villa houses a significant assemblage of works that the Guggenheim has placed on permanent loan to FAI (in turn, FAI has placed thirteen works on permanent loan to the Guggenheim). Among the works shared by our two institutions are a number of Flavin installations, including a work specially commissioned for the villa in 1976. The awe-inspiring Varese Corridor—one of several site-specific installations by Flavin, Robert Irwin and James Turrell permanently on view in the

"Rustic wing" rooms of the eighteenth-century building—is a testament to the Panzas' unique patronage of then-radical, postwar art as well as to their dedication to the artists, including Flavin, whom they collected in depth.

Dr. Panza first acquired a fluorescent light work by Flavin in 1966 and continued to collect the artist's work over the next several decades. The Guggenheim has also maintained an enduring interest in the artist, whose history with the museum dates back to his student days. Flavin worked at the museum in 1957 as a clerk during the construction of the Frank Lloyd Wright building. This early connection to the museum was expressed in his work many years later. In 1971 Flavin was invited to participate in the Sixth Guggenheim International, an exhibition that showcased the most significant new talents of the time. The artist was commissioned to create a site specific work, which, like most of his mature works, created a dialogue with and transformed the surrounding architecture. Untitled (to Ward Jackson, an old friend and colleague who, during the Fall of 1957 when I finally returned to New York from Washington and joined him to work in this museum, kindly communicated) entered the collection in 1971. Twenty years later, the museum greatly expanded its holdings and acquired twenty-one major Flavin works from the Panza Collection. The following year the artist's 1971 commission was expanded, installed on every ramp and in the rotunda, on the occasion of the museum's renovation and re-opening. Since then the museum has devoted two significant exhibitions to the artist's work: 'Dan Flavin' at the Guggenheim Museum SoHo in 1995, and 'Dan Flavin: Architecture

of Light,' at the Deutsche Guggenheim in Berlin in 1999. Our participation in this exhibition at the Villa Panza continues our ongoing commitment to Dan Flavin as well as to the Fondo per l'Ambiente Italiano and to the Panza Collection. We are honored to share with visitors to Varese selections from the Guggenheim Museum Panza Collection.

Thomas Krens
Director, Solomon R. Guggenheim Foundation

Flavin e Villa Panza. Connubio già noto a Varese, grazie alle opere che da anni sono "parte integrante" dell'omonima collezione, vero fiore all'occhiello della nostra provincia.
Grazie al FAI e alla collaborazione con il Solomon R. Guggenheim Museum di New York, proprio le stanze di Villa Panza ospiteranno la più vasta retrospettiva europea degli ultimi anni dedicata a Flavin, la cui ricerca fatta di luce e spazio ha portato sulle rive dei nostri laghi un bagliore del movimento minimalista americano degli anni sessanta.
Si tratta di un evento di portata internazionale che la Provincia di Varese ha sostenuto con entusiasmo e a cui ha avuto l'onore di collaborare, credendo nell'intenso lavoro di ricerca che l'ha preceduta, oltre che nel progetto di antologiche in cui è inserita.
Questo momento di cultura non potrà che accrescere il fermento culturale locale e nazionale e darà un nuovo stimolo per conoscere non solo la Collezione Panza ma anche il nostro territorio, che accoglierà tra le sue bellezze gli appassionati d'arte di tutto il mondo.
Sono certo che il pubblico non perderà questa straordinaria occasione per avvicinarsi agli ambienti e alle suggestioni che Flavin ha creato nell'arco del suo percorso artistico, riuscendo a dare vita a uno dei capitoli più interessanti dell'arte del Novecento.

Flavin and the Villa Panza: this association is already familiar to us in Varese, thanks to the works that, for many years, have been an integral part of the Panza Collection, which is a real source of pride for our province.
Thanks to the FAI and the collaboration of the Solomon R. Guggenheim Museum of New York, the Villa Panza will host the largest retrospective exhibition in Europe in recent years devoted to Flavin, whose investigation of light and space brought one of the most fascinating developments of the American Minimalist movement of the 1960s to the shores of our lakes.
This is an event of international importance to which the Province of Varese has enthusiastically offered its support: we deeply appreciate the research that preceded the event as well as the programme of retrospective exhibitions of which it forms part. This event will stimulate the cultural life at both a local and a national level and will encourage the public to discover not only the Panza Collection, but also the area surrounding Varese, with its numerous attractions where art lovers from all over the world will be welcome.
I am certain the public will not want to miss this extraordinary opportunity to see for themselves the installations that Flavin created during his all-too-short career, when he made a major contribution to one of the most interesting movements in twentieth-century art.

Marco Reguzzoni
Presidente della Provincia di Varese

Marco Reguzzoni
President of the Province of Varese

Le pregevoli iniziative promosse dal FAI, volte a salvaguardare e valorizzare il patrimonio artistico italiano creando eventi di elevato interesse culturale, ben si sposano con la clientela di Gestnord Intermediazione (Gruppo Banca Sella) che siamo certi apprezzare ed essere sensibile alle grandi manifestazioni culturali.
Coerentemente con la propria filosofia che ha come primario obiettivo quello di mantenere alto il livello qualitativo del servizio offerto al Cliente, Gestnord Intermediazione ha deciso di collaborare con il FAI alla realizzazione della mostra "Dan Flavin. Stanze di luce tra Varese e New York" che si segnala come un importante appuntamento autunnale con il mondo dell'arte.

The important initiatives that the FAI has undertaken with the aim of protecting and making suitable use of the Italian artistic heritage, especially through the organization of activities that are of particular interest from the cultural point of view, will undoubtedly attract the attention of the customers of Gestnord Intermediazione (Gruppo Banca Sella), who we are certain will appreciate and respond to these cultural events. Consistent with the philosophy of Gestnord Intermediazione, whose primary goal is that of offering its customers a service of the highest possible quality, we have decided to sponsor the exhibition organized by the FAI, 'Dan Flavin. Stanze di luce tra Varese e New York', which is certain to be one of the most outstanding events in the world of art this autumn.

Gestnord Intermediazione
Gruppo Banca Sella

Gestnord Intermediazione
Gruppo Banca Sella

Forte dei successi raggiunti a Roma, Grandi Stazioni comincia a esportare anche alle altre stazioni del network il nuovo modo di intendere e vivere la stazione. Nella nostra filosofia è il concetto stesso di stazione che cambia: non più luogo da dove partire o dove arrivare ma parte della città, piazza, spazio espositivo.
La Stazione Termini, ad esempio, oggi accoglie la mostra dedicata al Guercino, già ospitata a Milano a Palazzo Reale.
Anche nel progetto di riqualificazione della Stazione Centrale di Milano è stato pensato uno spazio che sarà dedicato alla cultura e all'arte. Nell'attesa, mostre, dibattiti, concerti sono già diventati consuetudine e trovano spazio sul marciapiede del binario 21 e all'interno della Sala Reale. Grazie alla collaborazione con enti prestigiosi questi spazi di stazione sono sempre più frequentemente animati da iniziative culturali.
La filosofia proposta da Grandi Stazioni è, dunque, quasi una rivoluzione culturale: da spazio dal quale fuggire il più rapidamente possibile a luogo di incontro e di cultura, da souk a salotto. Nel corso degli ultimi mesi dodici mostre articolate in percorsi espositivi, installazioni, oltre a concerti e trasmissioni radiofoniche hanno accompagnato i 320.000 frequentatori della Centrale.

È in quest'ottica che abbiamo aderito con piacere a questa nuova iniziativa del FAI che consentirà a tanti milanesi di riavvicinarsi con curiosità e soddisfazione alla Sala Reale della Stazione Centrale, uno spazio da troppo tempo dimenticato.
L'adesione di Grandi Stazioni a questa iniziativa vuole essere anche un riconoscimento e un ringraziamento all'attività svolta dal Fondo per l'Ambiente Italiano da anni impegnato a salvaguardare e valorizzare la nostra più importante ricchezza, il nostro patrimonio culturale.

Enrico Aliotti
Amministratore Delegato Grandi Stazioni SpA

Thanks to the success of the events promoted in Rome, Grandi Stazioni is now extending its totally new approach to the concept of the railway station to the rest of its network. In our philosophy, it is the basic notion of the station that has changed: no longer merely a point of departure or arrival, it is now an integral part of the city, a social hub and an exhibition venue.

Rome's Termini Station, for instance, is currently hosting the exhibition devoted to the great seventeenth-century artist Guercino, which was recently held at the Palazzo Reale in Milan.

The project for the renovation of the Stazione Centrale in Milan also includes an area that will be devoted to culture and art. While waiting for the project to be implemented, exhibitions, debates and concerts are frequently staged on platform 21 or in the Sala Reale. Thanks to the contribution of prestigious organizations, these station areas are frequently the venue of cultural events. The philosophy proposed by Grandi Stazioni involves what is, therefore, practically a cultural revolution: the station is transformed from a place that one wants to escape from as soon as possible to a place for meetings

and cultural events, from the hurly-burly usually associated with these places to a salon. In the last few months, twelve shows, including special exhibitions and installations, as well as concerts and radio broadcasts, have been made available to the 320,000 people passing through the Stazione Centrale.

This is why we willingly agreed to give our support to this event organized by the FAI that will allow many Milanese to rediscover the Sala Reale of the Stazione Centrale, a space that has been forgotten for too long. The participation of Grandi Stazioni in this event is also meant to show our appreciation for the activity of the Fondo per l'Ambiente Italiano, which for many years has been concerned with the preservation and proper use of our most important asset, our cultural heritage.

Enrico Aliotti
CEO Grandi Stazioni SpA

L'ultimo progetto concepito e disegnato da Dan Flavin, consiste nell'installazione permanente realizzata nella Chiesa Rossa di Milano per la quale l'artista ha progettato un sistema di luci fluorescenti da collocare nella grande navata e nei transetti.

L'opera presentata al pubblico di Milano in contemporanea con una mostra dedicata all'artista e presentata presso la Fondazione Prada nel 1997-1998, è una delle testimonianze più toccanti di come Flavin intendesse relazionarsi con un luogo sacro: i tubi fluorescenti dell'artista si sono inseriti senza enfasi, in una maniera silenziosa e semplice, all'interno della chiesa. Hanno utilizzato il senso comune dell'illuminazione per creare una diversa percezione del luogo.

È nel rispetto e nell'ammirazione per un artista considerato tra i più importanti esponenti dell'arte contemporanea, che sostengo con grande piacere il progetto di mostra dedicata a Dan Flavin e che si terrà presso Villa Panza.

Miuccia Prada

The last project created and designed by Dan Flavin is a permanent installation realized in the Chiesa Rossa in Milan. Here the artist designed a fluorescent light system to be installed in the nave and transepts.

The work—presented to the Milan public in parallel with an exhibition dedicated to the artist held at the Fondazione Prada in 1997-98—is touching evidence of the relationship Flavin intended to establish with a sacred place: the artist's fluorescent tubes are mounted without emphasis, simply and silently, inside the church. Through the use of ordinary lighting appliances he has created a new perception of the place.

My respect and admiration for an artist who is still today regarded as one of the leading exponents of contemporary art has prompted me to sponsor with great pleasure the exhibition devoted to Dan Flavin to be hosted by the Villa Panza.

Miuccia Prada

*Nescafé tra le luci e i colori di Dan Flavin.
Nescafé conferma il suo impegno a favore
dell'arte e della cultura, promuovendo la mostra
"Dan Flavin. Stanze di luce tra Varese e New
York" organizzata dal FAI Fondo per l'Ambiente
Italiano. Dal 30 settembre al 12 dicembre, nella
splendida cornice di Villa Panza, Nescafé
sostiene l'originale spettacolo di luci e colori
offerto dalle opere dell'artista americano,
provenienti dal Guggenheim Museum di New
York. Nescafé si lega a una forma d'arte
innovativa, sperimentale, che gioca con le
percezioni sensoriali, dimostrando ancora una
volta la sua attenzione e la sua capacità nel
cogliere i trend culturali emergenti.*

*Nescafé Amid Dan Flavin's Lights and
Colours.
Nescafé reaffirms its commitment to art and
culture by sponsoring 'Dan Flavin. Stanze di
luce tra Varese e New York', an exhibition
organized by the FAI Fondo per l'Ambiente
Italiano. From 30 September to 12 December,
in the superb setting of the Villa Panza,
Nescafé will be sponsoring the unique
spectacle of lights and colours offered by the
works of the American artist, which have
been lent by the Guggenheim Museum of
New York. Nescafé has thus established a
link with an innovative and experimental form
of art that interacts with our sensory
perceptions, demonstrating once again the
company's awareness of the importance of
emerging cultural trends.*

Marco Travaglia
Direttore Divisione Bevande e Alimentari

Marco Travaglia
Manager Food and Drinks Division

Ho una grande passione per l'arte americana contemporanea, mi piace l'energia che sprigiona e la sua vitalità. Dan Flavin è un artista straordinario, che mi diverte e mi coinvolge in modo particolare. Le sue installazioni di luci fluorescenti sperimentano una diversa percezione dello spazio e creano quadri tridimensionali nei quali è possibile muoversi e respirare. Per me è un vero piacere sostenere la mostra dedicata a Dan Flavin che si terrà a Villa Panza, celebre in tutto il mondo per la sua collezione d'arte contemporanea. Sono orgoglioso di promuovere un'iniziativa culturale di altissimo profilo, che conferisce prestigio alla città di Varese e arricchisce la nostra esperienza sensoriale e intellettuale. L'arte esprime con grande incisività l'eleganza, la capacità di intuizione, il coraggio e il dinamismo che caratterizzano il marchio Whirlpool.

Michael A. Todman
Presidente Whirlpool Europe

I am passionate about American contemporary art. I like its sense of energy and its vitality. Dan Flavin is an extraordinary artist, amusing and at the same time deeply moving. His installations of fluorescent lights experiment with a different perception of space, creating tri-dimensional canvasses that involve and stimulate the public. It is a real pleasure for me to support the exhibition of the works of Dan Flavin that will take place in Villa Panza, a prestigious location that has gained worldwide recognition for its contemporary art collection. I am proud of promoting such a high profile cultural initiative. It brings prestige to the City of Varese and is enriching, both culturally and emotionally. This art expresses with great sharpness the elegance, the intuition and the passion that distinguish the Whirlpool brand.

Michael A. Todman
President, Whirlpool Europe

Sommario / Contents

Introduzione

Introduction

Varese Corridor, 1976
Luce fluorescente verde, rosa e gialla /
Green, pink and yellow fluorescent light
558 x 2855 x 254 cm
219⁵/₈" x 1124" x 100¹⁵/₁₆"
Realizzazione *site-specific /*
Site-specific installation
The Solomon R. Guggenheim
Foundation, NY
Coll. Panza
Dono 1992, prestito permanente /
Gift 1992, on permanent loan
FAI, Villa Panza, Rustici, I piano /
Service wing, 1ˢᵗ floor
© Giorgio Colombo, Milano

Potrebbe sembrare superfluo fare una mostra di Dan Flavin a Varese, dove ben undici stanze sono dedicate a questo artista. Nei rustici di Villa Litta Menafoglio Panza infatti è allestita in modo permanente una delle più complete rassegne dell'artista americano, paragonabile solo a quella presentata dalla Dia Foundation a Beacon, New York in un grande edificio industriale trasformato in uno splendido museo per l'arte degli anni sessanta, sia *minimal* che concettuale.

Durante la sua vita, finita precocemente, Flavin ha avuto buoni riconoscimenti da parte delle istituzioni pubbliche. Ma l'interesse per la sua arte, limitato a pochi esperti, è stato raramente condiviso da un pubblico più vasto, poco convinto che una lampada fluorescente, uguale a quelle che si vedono nelle strade e nelle cucine, potesse diventare arte.

Negli anni ottanta e novanta vi è stata una diminuzione di interesse anche da parte dei musei.

L'attenzione si è generalmente spostata verso l'arte cosiddetta *post modern* – che è esattamente l'opposto del modernismo di cui Flavin è un tipico rappresentante.

Da circa venti anni non vi sono state mostre importanti di questo artista, a parte quella allestita a Milano dalla Fondazione Prada nel 1997 in occasione dell'inaugurazione della grande installazione presso Santa Maria Annunciata in Chiesa Rossa.

Ora vi sono sintomi di un cambiamento: la National Gallery di Washington, uno dei musei americani più importanti, organizza per questo ottobre una grande mostra di Flavin.

Anche le quotazioni delle sue opere sono aumentate sostanzialmente in tempi recenti, mentre negli anni ottanta e novanta sembrava

It may seem superfluous to hold an exhibition of Dan Flavin's work at the Villa Litta Menafoglio Panza in Varese, where eleven rooms are devoted to this artist. The old outbuildings of the villa contain one of the most complete collections of the American artist's work, one that can only be compared to that of the Dia Foundation in Beacon, New York State, where a large former factory has been transformed into a superb museum of 1960s Minimal and Conceptual art.

During his life, which ended prematurely, Flavin won much recognition from public institutions, but interest in his art, limited to a few experts, has rarely been shared by the public at large, who are unconvinced that fluorescent lights, like the ones seen in streets and kitchens, can become art. In fact, even in the 1980s and 1990s the interest of museums also began to fade. Attention generally shifted towards so-called Post-Modern art, which is the exact contrary of the modernism of which Flavin was a typical exponent.

For roughly twenty years there have been no major exhibitions devoted to this artist, with the exception of one held at the Fondazione Prada in Milan in 1997 to mark the inauguration of the large installation at the church of Santa Maria Annunciata in Chiesa Rossa, also in Milan.

Fortunately there are now signs of a change: the National Gallery of Art in Washington, one of America's most important art museums, will stage a major exhibition of Flavin's work in October 2004. Moreover, prices for his works have increased substantially in recent times, though in the 1980s and 1990s it seemed as if his fame was about to fade away completely,

che la sua fama stesse per sparire, come
avviene per gli artisti che non sono in grado di
mantenere il loro valore attraverso il tempo.
La Collezione Panza ha sempre dimostrato una
radicata fiducia in questo artista fin dal lontano
1966, formando una raccolta numerosa in
anni molto precoci e certo non favorevoli.
Flavin è scomparso nel 1996, alla fine
di una vita piena di amarezze, tensioni, dubbi,
contraddizioni, che sparivano solo quando egli
creava la sua arte. Ora il destino gli sta
restituendo ciò che gli era stato tolto, in misura
più grande. La sua importanza come uno dei
protagonisti dell'arte degli ultimi cinquanta anni
sta per essere riconosciuta ed è giusto che
il FAI, che possiede una delle collezioni più
complete delle sue opere, partecipi a questo
riconoscimento, che purtroppo avviene
post mortem. Destino frequente per gli artisti
migliori.

as can often happen to artists whose works
are unable to maintain their value over time.
The Panza Collection has had great faith in
this artist since 1966, and amassed a large
collection of his works during his difficult early
years.

Dan Flavin died in 1996 after a lifetime of
disappointments, tension, doubts and
contradictions which only disappeared when
he was creating his art. Now fate is restoring
to him what it had taken away, but on a larger
scale. His importance as one of the leading
artists of the last fifty years is now being
recognized and it is right that the FAI, which
owns one of the most complete collections
of his works, should participate in this
recognition, which, sadly, is taking place
posthumously: the all-too-frequent destiny
of the best artists.

Angela Vettese

Dan Flavin: la luce come fatto e come indizio

Dan Flavin: Light as a Fact and as a Sign

Untitled (to Jan and Ron Greenberg),
1972-1973
Luce fluorescente gialla e verde /
Yellow and green fluorescent light
Ed. 1/3
Unità da 8 piedi / *8 ft fixtures*
246,4 x 213,4 x 25,4 cm in un corridoio
di 246,4 x 213,4 cm (lunghezza
del corridoio variabile)
97″ x 84″ x 10″ *in a corridor* 97″ x 84″
(lenght of corridor variable)
Solomon R. Guggenheim Museum,
New York
Coll. Panza, 1991
91.3708
David Heald © SRGF, NY

"Non c'è cosmetica cosmica nel mio sforzo", avrebbe scritto Dan Flavin a un critico.
E ancora: "I miei tubi fluorescenti non si sono mai infiammati nella ricerca di un dio"[1]. Ma è proprio vero? Per il lavoro dell'artista americano, scomparso nel 1996 appena dopo aver terminato la Chiesa Rossa di Milano e mentre ancora lavorava al Marpha Project in Texas, arriva il tempo delle riletture.
Mettere in dubbio le intenzioni proclamate da un artista riguardo alla propria opera è, per gli storici, l'eventualità più rischiosa e ambiziosa, ma ammettere il totale laicismo di cui l'artista ha sempre fatto professione significa anche dismettere la lettura più affascinate del suo lavoro. Immergersi dentro alle sue installazioni, soprattutto se presentate una per una come nel caso del *Varese Corridor* e di questa rassegna, soprattutto se viste senza che esse si sovrappongano una all'altra, significa infatti ricordare altre immagini: le vetrate policrome delle cattedrali gotiche e le pitture medievali e rinascimentali di intento psicagogico. Forse però non è necessario pensare a un Flavin mistico per ammettere la religiosità dell'artista, intesa non come reverenza a una religione rivelata ma in quanto tensione ideale. In fondo, è proprio allo stesso modo che riuscirono a mantenere una dimensione spirituale anche dei movimenti nati nel solco di una totale laicità quando non di un proclamato ateismo: il puntinismo scientista, la sua continuazione nel fauve di Matisse, le ricerche ispirate a utopie differenti del Costruttivismo Russo, di De Stijl, del Bauhaus, di ogni uso psicologico del colore[2].
In effetti sembrano esserci varie prove grazie alle quali, come nel caso dei saggi di Michael Govan, si è tentati di proporre una rivisitazione

'There are no cosmic cosmetics in my work', Dan Flavin is said to have written to a critic. And he also wrote: 'My fluorescent tubes never inflame for a god'.[1] But is this really true? The time is now ripe for a fresh interpretation of the work of this American artist, who died in 1996, just after he had finished his installation in the Chiesa Rossa in Milan and while he was still working on the Marpha Project in Texas.
The questioning of the intentions the artist proclaimed with regard to his own work is a rather hazardous and ambitious undertaking for art historians, but, on the other hand, the acceptance of the total laicism always professed by the artist also means abandoning the most intriguing interpretation of his work. When one becomes completely absorbed by his installations—particularly if they are displayed separately, as in the *Varese Corridor* and in this exhibition, and especially if they are seen without them overlapping each other—other images will come to mind: the stained-glass windows of Gothic cathedrals and medieval and Renaissance paintings with their psychagogic intentions. However, we may not need to imagine a mystic Flavin to presume the artist's religiousness, by which I do not mean reverence to a revealed religion, but rather an idealistic state. After all, this is how other movements, born in the wake of total laicism—if not downright atheism—still manage to retain a spiritual awareness: scientistic pointillism; its continuation in Matisse's Fauve style; the experimentation inspired by the various utopias of Russian Constructivism, De Stijl, the Bauhaus and all psychological uses of colour.[2]
However, several attempts have been

[1] Cfr. Michael Govan, *Dan Flavin: Sacred and Profane (1992)*, in *Robert Lehman Lectures on Contemporary Art*, Dia Art Foundation n. 2, New York 2004, p. 188, in part. lettera di Dan Flavin a Betsy Baker: "My fluorescent tubes never 'burn out' desiring a god". Traduzione mia. Per una bibliografia su Flavin si vedano i suoi scritti: "Dan Flavin, '…in daylight or cool white': an authobiographical sketch," in *Artforum* 4 (dicembre 1965), ristampato in *Dan Flavin: Fluorescent light etc.*, catalogo della mostra alla National Gallery di Ottawa, 1969: Dan Flavin, *Three installation in fluorescent light*, Colonia, catalogo del Wallraf-Richartz Museum e Kunsthalle, 1973-1974. Ancora, oltre ai testi citati sotto, anche: K. Baker, *Minimalismo* (1988), trad. it. Jaka Book, Milano 1989; F. Colpitt, *Minimal Art, The Critical Perspective*, University of Washington Press, Seattle 1990; R. Krauss, *Passaggi* (1977), trad. it. Bruno Mondadori, Milano 1998; J. Meyer, *Minimalism, art and Polemics in the Sixties*, Yale University Press, New Haven-London 2001; Alessandro Nigro, *Estetica della Riduzione, Il Minimalismo dalla prospettiva critica all'opera*, CLEUP, Padova 2003; P. Feldman e K. Schubert, *It is what it is – Writings on Dan Flavin since 1964*, Thames & Hudson, London 2004.

[2] Cfr. in particolare sull'argomento Philip Ball, *Colore, una biografia* (2001), trad. it. Rizzoli, Milano, 2004; AA.VV., *Il sentimento del colore*, Como, Red edizioni, 1990; Michael Baxandall, *Ombre e lumi* (1995), trad. it. Einaudi, Torino 2003.

[3] Nel gruppo cosiddetto minimalista e soprattutto attraverso Robert Morris ebbe notevole successo la teoria estetica propugnata da George Kuebler in *The Shape of Time*, New Haven 1962, trad. it. *La forma del Tempo*, Einaudi, Torino 1976.

[4] Una decisa negazione di una lettura in chiave mistica venne data dall'artista medesimo in risposta a un articolo di E.C. Baker, *The Light Brigade*, "Art News", vol. 66, marzo 1967, pp. 52-67; Flavin rispose in particolar modo nell'ambito del catalogo *Fluorescent light, etc., from Dan Flavin*, The National Gallery of Canada, Ottawa, 13 settembre-19 ottobre 1969. Una interpretazione in tal senso, comunque, fondata anche sul valore dei titoli, emergeva già da B. Rose nel classico *ABC Art*, "Art in America", maggio-giugno 1965, pp. 296; recentemente la prospettiva è stata ripresa in parte nel saggio per la Dia Foundation da M. Govan, *Dan Flavin, Sacred and Profane*, 1992 (cit.).

del lavoro di Flavin che tradisca ciò che l'autore ne diceva. È qualcosa di simile a quanto accade in Italia nel "caso Burri": di carattere scuro e teso a negare la propria sfera emotiva e ogni contatto tra questa e il suo operato, Alberto Burri disdegnò vigorosamente la lettura che James J. Sweeney aveva dato dei suoi "sacchi": il critico americano vi vedeva ferite, suture e squarci di pelle martoriata, ricordi del periodo che l'artista, medico di formazione, aveva trascorso in un campo di concentramento in Texas.

Ci sono buoni motivi, date le descrizioni del carattere di Dan Flavin – ne troviamo una anche in questo volume, fatta da Giuseppe Panza che con lui visse e lavorò per qualche tempo non senza punte conflittuali – per ipotizzare che egli rigettasse ogni interpretazione religiosa, memore dell'educazione ricevuta dal padre, un irlandese cattolico e bigotto che lo volle seminarista e chierichetto, soprattutto in relazione a quell'imposizione infantile. D'altra parte proprio quegli anni e quella formazione, interrotta per mancanza di vocazione, rappresentano la sua educazione più incisiva e rilevante. Tormentato dai continui confronti con il gemello e comunque propenso all'amarezza, a un'ironia poco rasserenante, incapace di riconoscere i moti di una vita emotiva che, peraltro, dai suoi scritti traspare ricca e agitata, Flavin cercò di negarne quasi ogni relazione con la sua arte. Il suo atteggiamento, riassunto nel motto "it is what it is and it ain't nothin' else" dovrebbe spingerci, quindi, a una lettura delle opere di stampo purovisibilista, modernista, centrata sugli aspetti strutturali secondo una prospettiva alla Kuebler[3]. Questo pretendono, del resto, molti autori dell'astrattismo geometrico di cui Flavin potrebbe essere considerato un prosecutore, almeno in una prospettiva di lungo periodo.

Eppure Flavin ha lasciato ovunque tracce della vicinanza alla teologia, non solamente intesa come via sulla quale si srotola il processo logico e filosofico, ma anche come percorso verso una religiosità panteista. Altri indizi, forse ancora più numerosi, rivalutano la sua vita interiore come fonte del lavoro[4].

Questo breve saggio non pretende di essere il risultato di una lunga ricerca, quale l'artista merita a quasi dieci anni dalla morte e quale è in corso. Si cerca solo di suggerire un modo per interpretare l'elemento più frequente in riferimento alle tracce di cui si parlava sopra: i titoli delle opere. Nel lavoro di Flavin, infatti, non è mai venuta meno una parte di "accompagnamento verbale", anche se ridotta ai minimi termini e dall'aspetto sintetico di ricetta. Appena dopo la scoperta della sua vocazione artistica, nei disegni di fine anni cinquanta che fecero da preludio alle installazioni, l'autore iniziò a strutturare i titoli in due parti, di cui una è più secca e l'altra, tra parentesi, più estesa. Il caso tipico, anche se non il solo praticato, è un freddo "Untitled" iniziale, che proibisce di considerare rilevante ogni elemento narrativo dell'opera. "Senza titolo" significa in definitiva "senza racconto" ed è una preghiera al lettore acciocché si soffermi sull'aspetto visivo del lavoro. Tuttavia, la seconda parte del titolo smentisce e contraddice la prima ed è una descrizione dei processi, percettivi o mentali, che hanno guidato l'opera. Un carboncino del 1958 si chiama già *Untitled* (*Landscape from along Riverside Drive, Manhattan*). Alcune opere più mature hanno titoli che incominciano con il termine "Monument", che mostra un lato beffardo giacché i tubi fluorescenti hanno una durata limitata nel tempo. Sovente a questa prima parte fa seguito una frase profondamente coinvolgente, come nel caso degli omaggi a Tatlin o in quello del famoso *Monument for those who have been killed in Ambush (to PK who reminded me about death)* del 1966.

Chiuse in parentesi e con una sintassi algida, all'opposto di ogni poetica romantica, stanno descrizioni di luoghi, citazioni, dediche a persone vicine e persino, come nell'opera dedicata al gemello morto in Vietnam, a drammi di carattere personale. I titoli testimoniano insomma da un lato un freddo mutismo teso a mostrarci l'opera nella sua esperibilità sensibile, nell'essere "ciò che è"; dall'altro una formazione teologica impossibile da evitare, una conoscenza delle premesse storico-artistiche del lavoro nonché, sul piano personale, una sensibilità appassionata anche se compressa. All'epoca dei primi quaderni di schizzi, Flavin

1 See Michael Govan, 'Dan Flavin: Sacred and Profane' (1992), in *Robert Lehman Lectures on Contemporary Art*, Diaz Art Foundation no. 2, New York 2004, p. 188, especially the letter from Dan Flavin to Betsy Baker: 'My fluorescent tubes never inflame for a god'. For a bibliography relating to the artist, see his writings: Dan Flavin, '"...in daylight or cool white": an autobiographical sketch', in *Artforum* 4 (December 1965), reprinted in *Dan Flavin: fluorescent light etc.*, exhibition catalogue, National Gallery of Canada, Ottawa, 1969; Dan Flavin, *Dan Flavin: three installations in fluorescent light*, Wallraf-Richartz Museum and the Kunsthalle, Cologne, 1973–74. Besides the publications listed below, see also: K. Baker, *Minimalism: The Art of Circumstance*, Abbeville Press, New York, 1988; F. Colpitt, *Minimal Art, The Critical Perspective*, University of Washington Press, Seattle 1990; R. Krauss, *Passages in Modern Sculpture*, Thames and Hudson, London, 1977; J. Meyer, *Minimalism, Art and Polemics in the Sixties*, Yale University Press, New Haven and London, 2001; Alessandro Nigro, *Estetica della Riduzione. Il Minimalismo dalla prospettiva critica all'opera*, CLEUP, Padua, 2003; P. Feldman and K. Schubert, *It Is What Is: Writings on Dan Flavin since 1964*, Thames and Hudson, London, 2004.

2 See, in particular, on this subject: Philip Ball, *Bright Earth: The Invention of Colour*, Viking Press, London, 2001; Shmuel Sambursky et al., *Il sentimento del colore*, Red edizioni, Como, 1990; Michael Baxandall, *Shadows and Enlightenment*, Yale University Press, New Haven, 1995.

3 Within the so-called Minimalist group and, most of all, through Robert Morris, the aesthetic theory advocated by George Kubler in *The Shape of Time*, Yale University Press, New Haven 1962, was particularly successful.

4 The artist himself firmly denied any mystical reading of his work in his comment on an article by E.C. Baker, 'The Light Brigade', *Art News*, vol. 66, March 1967, pp. 52–67; Flavin was also very specific on the subject in *Dan Flavin: fluorescent light, etc.*, National Gallery of Canada, Ottawa, catalogue for the exhibition 13 September – 19 October 1969. However such a reading, also based on titles, had already been suggested by Barbara Rose in her classic essay, 'ABC Art', *Art in America*, May-June 1965, p. 296; this perspective has recently been discussed again in M. Govan's essay for the Dia Foundation, 'Dan Flavin: Sacred and Profane', 1992 (see note 1).

made—as, for example, in Michael Govan's essays—to reassess Flavin's work, in a way that seems to contradict what the artist himself has said about it. Something similar occurred in Italy in the 'Burri case': having a rather complex and sombre character, and bent on denying his own emotional sphere and any connection between it and his art, Alberto Burri vigorously spurned the interpretation of his sackcloth works by the American critic James J. Sweeney: in them, Sweeney saw wounds and sutures, and slashes in the tormented skin, memories of the period spent by the artist, originally a doctor, in a Texas prisoner-of-war camp.

Now, considering how Dan Flavin's character is depicted—see, for instance, in this book, the portrayal of the artist by Giuseppe Panza, who lived and worked with him for some time, not without conflict—there are plausible reasons for suggesting that he rejected all religious interpretations of his work, mindful of the upbringing he received thanks to his father, a bigoted Irish Catholic who forced Flavin to serve as an altar boy and to attend a seminary. On the other hand, it is this period and this educational background, abandoned due to the lack of a vocation, that appear to have had the greatest effect on his character. Tormented by the constant comparisons with his twin brother and, in any case, prone to bitterness and irony, incapable of recognizing the impulses of his own emotional life—which appears, on the contrary, rich and vibrant, judging from his writings—Flavin tried to deny almost any connection between it and his art. His attitude, summed up by the quip 'it is what it is and it ain't nothin' else' ought, therefore, to induce us to view his works from a modernist or purely visible perspective, focused on structural aspects, in accordance with the view of Kubler.[3] Moreover, this is what is claimed by many other exponents of Geometrical Abstraction, of which Flavin might be considered a continuator, at least in the long run.

And yet Flavin left innumerable signs pointing to his closeness to theology, which is not only intended as a logical and philosophical path, but also as a way towards pantheist piety.

Other clues—perhaps more significant ones—confirm that his inner life was the source of his work.[4]

This short essay does not pretend to be the result of the in-depth study the artist deserves ten years after his death, although this is now underway. It is simply an attempt to suggest a possible interpretation of the element most frequently referred to in connection with what has been discussed above: the titles of Flavin's works. In them, in fact, there is always a sort of commentary, even though it is very much simplified and is as brief as possible.

Soon after he discovered his artistic vocation, in the drawings he made at the end of the 1950s—which were a prelude to his installations—the artist began to divide his titles into two parts: a very concise one and a longer one, in brackets. The typical pattern—though by no means the only one—is the dry initial 'untitled', precluding the relevance of any narrative content in the work. 'Untitled' means 'without a story' and is asking the viewer to dwell on just the visual aspect of the work. The second part of the title, however, belies the first and is a reflection of the perceptual and mental processes at the basis of the work. As early as 1958, he called a charcoal drawing *Untitled (Landscape from along Riverside Drive, Manhattan)*, while the titles of other works of his more mature period begin with the word 'monument', quite ironically as the duration of fluorescent tubes is limited. Often this first part is followed by an intriguing phrase, as in the case of the works dedicated to Tatlin or in the famous *Monument for Those Who Have Been Killed in Ambush (to PK who reminded me about death)* of 1966.

In brackets, with their cold syntax devoid of any romantic poetics, are depictions of places, quotes, dedications to friends and even personal tragedies, as in the work devoted to his twin brother, who died in Vietnam. In short, the titles display, on the one hand, a cold silence, aimed at showing the work in its perceptible reality, in its being 'what it is'; while, on the other, we have a theological education that cannot possibly be ignored, a

[5] Cfr. l'interpretazione in chiave maschilista che ne da Anna Chave in *Minimalism and the Rethoric of Power*, "Arts Magazine", vol. 64 n. 5, gennaio 1990 pp. 44-63. Cfr. anche molte altre interpretazioni di opere verticali come simboli fallici, per esempio quella installata da Flavin al Guggenheim Musem, cit. in E. Strickland, *Minimalism: Origins*, Indiana University Press, Bloomington, Indianapolis 1993, p. 270. È stato anche largamente ipotizzato un connubio tra aspetti religiosi e aspetti erotici: cfr. Michael Govan, *Minimal?* in *Dan Flavin*, catalogo della mostra a cura di Michael Govan, Serpentine Gallery, London 2001, p. 10; L.R. Lippard. *Eros Presumptive*, "The Hudson Review", vol. 20, n. 1, 1967, pp. 91-99 (citato da Gregory Battcock [ed.]), *Minimal Art. A Critical Anthology*, University of California Press, Berkeley-Los Angeles-London 1995, pp. 220-221.

[6] Citato da Michael Govan, cit., pp. 181-193, a p. 187: "On this sheet, I enclose a lovely tempering aphorism which has been with me for a few years. 'Entia non multiplicanda praeter necessitatem' Principles (entitis) should not be multiplied unnecessarily. Of course it is 'Ockham's Razor".... Rejecting the doctrines of Thomas Aquinas he argued that reality exists solely in individual things and universal are merely abstract signs. This view led him to exclude questions such as the existence of God from intellectual knowledge, referring them to faith alone." "The Nominal Three is my tribute to William".

spesso utilizzò in funzione esplicativa, e come accompagnamento alle opere, citazioni della Bibbia, di poesie cinesi, di brani di quel James Joyce con cui si identificava per la comune origine irlandese e per il rifiuto del cattolicesimo. Nella sua produzione matura queste divagazioni scompaiono, ma al titolo resta il carattere di vettore che indirizza la lettura dell'opera.

La prima opera luminosa, un neon diagonale color oro intitolato all'inizio *The diagonal of personal extasy*, conteneva un riferimento ironico alla sessualità[5]. Per una volta il titolo era formulato senza troppo pudore: era talmente rivelatore di uno stato individuale da far sì che l'autore lo cambiasse alla prima occasione nel più impersonale *The diagonal of May 25, 1963 (to Constantin Brancusi)*. Dichiarare che si trattava di un omaggio alla *Colonna infinita* di Brancusi riportò l'opera nell'alveo di una problematica strutturale. Non a caso la versione ulteriore della stessa opera, quella prescelta per la personale a Ottawa nel 1969, fu bianca e dedicata a un vivente, il critico Robert Rosenblum. Passare dalla dedica a un artista mitizzato a uno storico del colore rese il titolo meno aulico, benché sempre decisamene descrittivo. Tuttavia, volente o meno, Flavin non è riuscito a rinunciare del tutto a una dose di simbolismo: il bianco è colore che la teologia attribuisce al divino alla stessa stregua dell'oro. Né tantomeno scompare la narrazione implicita in una dedica che non poteva, recando pur sempre il nome di una persona fisica, essere considerata solo un'indicazione teorica.

L'opera che inizia la maturità artistica di Flavin, dopo l'adozione del tubo fluorescente come costante linguistica è *The Nominal Three (to William of Ockham)* (1963-1964). Dedicata al teologo francescano trecentesco (1285-1349 circa), è un omaggio visivamente semplice ma teoricamente complesso al *Venerabilis Inceptor*, colui che aprì le porte del nominalismo e che fu anche uomo di rinnovamento e protesta, schierandosi a fianco dell'Imperatore Luigi IV il Bavaro, nella secolare contesa con il papato per il potere temporale. Probabilmente Flavin ammirò la tempra del filosofo, fuggitivo in Germania dopo varie condanne in Inghilterra, dove entrò in conflitto con i circoli accademici oxfordiani, ma soprattutto condivise la soluzione data da Ockham al problema ontologico: nella sua prospettiva possono dirsi reali soltanto gli individui; gli universali di matrice platonica, le specie, venivano scartati come enti e considerati rilevanti solo in quanto convenzioni linguistiche. In un sol colpo venivano abbandonate le soluzioni proposte dalle *auctoritates*, sia antiche – Platone e Aristotele – sia più recenti – Tommaso d'Aquino (e anche a questi Flavin dedica un'opera).

Per quanto tali problemi possano apparirci lontani, dovremmo riflettere sul perché Flavin li considerò così attuali da farne un suo principio ispiratore e da citarli più volte in maniera entusiasta, anche nella sua corrispondenza personale[6]. Forse è utile ricordare che nei seminari si adotta sovente il metodo della *Quaestio Quodilibetalis*, che pone un problema e tende alla sua soluzione per il mezzo di argomentazioni, di prove empiriche ma anche di citazioni da teologi, senza eccessiva preoccupazione per la loro lontananza nel tempo: le opinioni sono considerate tutte contemporanee tra loro. La posizione di Ockham risultò tanto dura rispetto alla tradizione scolastica domenicana e in particolare tomista da avergli meritato il soprannome di "rasoio". Come mai Flavin si identificò con Ochkam? Chi erano i nemici, o quali erano le opinioni nemiche, che si celavano dietro a quel rimando? Forse coloro che avevano cercato di imporgli di credere, oltre che nelle cose visibili, anche in quelle che non sono visibili. "Entia non multiplicanda praeter necessitatem", non bisogna credere che esista qualcosa se non è necessario e inevitabile, è stata la sentenza di Ockham che proponeva un "less is more" *ante litteram* e che Flavin fece entusiasticamente suo.

C'era ateismo in tutto questo? Non necessariamente, certamente non per il filosofo medievale. Il retroterra del nominalismo ockhamista era un credo di matrice francescana, che vedeva la presenza di Dio in ogni minuto aspetto della natura: dagli animali al mondo vegetale fino alle cose inanimate. Secondo il pensiero formulato, sempre in

5 See the male-chauvinist reading by Anna Chave in 'Minimalism and the Rhetoric of Power', *Arts Magazine*, vol. 64 no. 5, January 1990 pp. 44-63. See also other readings of vertical artworks as phallic symbols, for instance the one installed by Flavin at the Guggenheim Museum, mentioned in E. Strickland, *Minimalism: Origins*, Indiana University Press, Bloomington and Indianapolis, 1993, p. 270. The connection between religious and erotic aspects has also been often suggested: see Michael Govan, 'Minimal?' in *Dan Flavin*, exhibition catalogue edited by Michael Govan, Serpentine Gallery, London, 2001, p. 10; L.R. Lippard, 'Eros Presumptive', *The Hudson Review*, vol. 20, no. 1, 1967, pp. 91-9 (quoted by Gregory Battcock [ed.]), in *Minimal Art. A Critical Anthology*, University of California Press, Berkeley, Los Angeles and London, 1995, pp. 220–1.

6 Quoted by Michael Govan, 'Dan Flavin: Sacred and Profane', p. 187: 'On this sheet, I enclose a lovely tempering aphorism which has been with me for a few years. "Entia non multiplicanda praeter necessitatem". Principles (entities) should not be multiplied unnecessarily. Of course it is "Ockham's Razor".... Rejecting the doctrines of Thomas Aquinas he argued that reality exists solely in individual things and universal are merely abstract signs. This view led him to exclude questions such as the existence of God from intellectual knowledge, referring them to faith alone.... The *Nominal Three* is my tribute to William'.

knowledge of the historical and artistic bases of the work, as well as, on a personal level, passionate sensibility, albeit repressed. When drawing his first sketches, Flavin often used, by way of explanation, biblical quotations, lines from Chinese poems and short excerpts from James Joyce, with whom he identified because of their common Irish origins and their rejection of Catholicism. In his mature period, these digressions disappear, but the titles were still intended to help the viewer interpret the work.

Flavin's first work with lights, a golden diagonal initially entitled *The Diagonal of Personal Ecstasy*, included an ironical reference to sexuality.[5] Just for once the title was formulated without excessive modesty, but it was too revealing and the artist soon changed it to the more impersonal *The Diagonal of May 25, 1963 (to Constantin Brancusi)*. Claiming that the work was a tribute to the Brancusi's *Endless Column*, the artist changed the focus of the work to a structural question. Not by chance, the new version of the same work, selected for his solo exhibition in Ottawa in 1969, was white and dedicated to a living person, the critic Robert Rosenblum. Shifting from the dedication to a world-famous artist to an art historian somehow made the title less solemn, but still definitely descriptive. However, whether intentionally or not, Flavin never quite managed to avoid symbolism: white is the colour assigned by theology to the Deity, just as gold is. Also, the narrative element implicit in a dedication does not disappear: because this contains the name of a real person, it cannot merely be regarded as a theoretical reference. The work marking the artistic maturity of Flavin, following the adoption of the fluorescent tube as his only means of expression, is *The Nominal Three (to William of Ockham)* (1963-64). Dedicated to the fourteenth-century English Franciscan philosopher and theologian (c. 1285-1349), the work is a visually simple, but theoretically complex, tribute to the *Venerabilis Inceptor*, the founder of nominalism and an innovative and determined man, who sided with the Holy Roman Emperor, Louis IV the Bavarian, in the endless dispute with the papacy over temporal power. Probably Flavin was impressed by the character of the philosopher—who left England for France and then Germany after coming into conflict with academic circles in Oxford—but, most of all, he agreed with the solution offered by Ockham to the ontological problem: in his view only individuals are real entities. Any universal forms, such as the species as defined by Plato, are rejected as entities and are considered to be relevant only insofar as they are conventions. All at once, the solutions proposed by the authorities—both the ancient ones, such as Plato and Aristotle, and the more recent ones, such as St Thomas Aquinas (Flavin dedicated a work to him, too)—were abandoned.

These issues may appear remote to us, yet perhaps we ought to wonder why Flavin considered them so modern that he drew inspiration from them, frequently and enthusiastically quoting them, even in his personal correspondence.[6] Perhaps we should remember that the *Quaestio Quodilibetalis* method is often applied in Catholic seminaries: the method involves raising a problem and finding the solution by means of argumentation and empirical verification, as well as by using quotations from theologians, without worrying overmuch whether these date back in time: the opinions are all considered as contemporary with each other. Moreover, Ockham was particularly critical with regard to the Dominican scholastic tradition, especially the Thomistic one. Why did Flavin identify with the English philosopher? Who were the enemies or what were the hostile opinions hidden behind such a reference? Was it perhaps those who tried to force him to believe in invisible things, besides the visible ones? 'Entia non multiplicanda praeter necessitatem' (entities should not be multiplied more than necessary), was the maxim known as 'Ockham's razor': it was, in other words, the principle 'less is more', which Flavin enthusiastically adopted.

Is this atheism? Not necessarily and certainly not for the medieval philosopher. The origin of Ockham's nominalism was a Franciscan doctrine postulating the presence of God in

ambito francescano, da Bonaventura di Bagnoregio, il mondo è un libro in cui Dio ha voluto scrivere con i fatti la propria essenza, così come nella Bibbia essa compare sotto il velo delle parole. I fatti assumono così una importanza che sta alla pari con i pensieri. La luce è un fatto, il tubo fluorescente è un fatto, la sensazione fisica che essi provocano nella nostra retina è un fatto, l'influenza psicologica per il nuovo spazio determinato dall'opera è anch'esso un fatto. Fatti come cose tangibili e dimostrabili, anche quando si tratta di manipolazioni degli stati d'animo. Fatti che sono stati psicologici oltre che cose. Fatti in cui abita se non un dio, nel quale Flavin non credeva, almeno la verità. In età medievale Ockham iniziò l'epoca di una ricerca scientifica basata sull'empiria, ovvero sul dare valore all'esperienza dei sensi assai più che ai sillogismi della dialettica. Nell'arte del Novecento, Flavin ribadisce la stessa necessità: dare valore all'esperienza diretta. Il suo rifiuto del simbolismo ha a che fare con la volontà di asserire l'importanza del lato esperienziale dell'opera, che deve avere almeno due livelli: uno immediato – come suggeriscono termini come *Untitled* o *Monument*, l'altro invece mediato da conoscenze di vario tipo (luoghi, idee, persone, vicende).

Flavin volle sottolineare il suo culto della semplicità e il suo volere mostrare la luce elettrica come un fatto ("as a matter of fact") e il proporla come strumento per dipingere o per creare e modificare degli spazi, ciò che in definitiva da sempre fa la pittura. Tuttavia accanto a questo, senza alcuna contraddizione, possiamo immaginare che l'artista fosse assai più legato alle riflessioni sulla natura delle cose da un lato, e sull'autobiografismo dall'altro, di quanto non desiderasse ammettere. Va ribadito che per un seminarista certe nozioni sono tutt'altro che conoscenze sofisticate.

Essere per Ockham e contro Tommaso significava per Flavin abbracciare la semplicità, l'evidenza, l'intuito contro la complicazione e gli eccessi del razionalismo; il rievocare quest'antica polemica voleva dire porsi dalla parte di quelli che già nel medioevo venivano definiti *moderni* contro le ipocrisie degli *antiqui*. Egli stesso ammise che a diciott'anni si convertì

all'arte come diversione del cattolicesimo: "at eighteen, I began to think about art – Roman Catholic diversion of it"[7]. La relazione con il mondo delle immagini devozionali è testimoniata da un passo del medesimo Flavin sulle icone[8]. Se il distacco dalla Chiesa fosse stato totale, inoltre, l'artista non avrebbe trasformato nel Dan Flavin Art Institute, a Bridgehampton, New York, ciò che era in precedenza una chiesa battista. Michael Govan ha buon gioco, insomma, nel sostenere che dall'inizio il suo lavoro è stato in dialogo con la religiosità[9], a patto che la religiosità venga interpretata come tendenza ad affrontare i problemi generali dell'essere e a darne una sua soluzione, possibilmente da trasmettere al pubblico attraverso stimoli luminosi.

In realtà la metafisica della luce e il valore simbolico del colore sottendono tutta la pittura moderna che abbia fatto del colore il proprio campo d'azione primario. E infatti troviamo numerose opere dedicate da Flavin a "coloristi": da un giovanile omaggio a Van Gogh a *Untitled (To Henri Matisse)* (1964) a *Pink out of a corner (To Jasper Johns)* (1964), *Greens crossing Greens (to Piet Mondrian who lacked green)* (1966), a *Untitled (to Don Judd, colorist)* (1987); nella Chiesa Rossa di Milano (1996) Flavin ha accettato e ripetuto la grammatica del colore tipica della figurazione cattolica, al punto da farci pensare che egli possa avere ripetuto ancora una volta tematiche care alla teologia francescana applicata all'arte: in particolare, quella metafisica della luce di plotiniana memoria, condotta alla sua maturità filosofica da Roberto Grossatesta, secondo cui la luce (=Dio) si sparge nel mondo mescolandosi via via alla materia e passando dalla purezza del bianco alla contaminazione rappresentata dal colore. Se non si vuole tradire la parola di Flavin fino a farne un mistico *tout court*, si deve ammettere almeno che il colore fu per lui la principale via fenomenica per trasmettere emozioni ineffabili, cioè impossibili da esprimere con parole. Se indaghiamo a quali altri artisti del passato Flavin abbia dedicato opere, dai titoli delle stesse emerge un novero di artisti che, come lui e spesso con maggior foga, ha cercato di dare una visione del mondo di carattere laico

[7] Cfr. *In a light...*, cit., p. 12.
[8] Riportato in *Fluerescent...*, cit., p. 50.
[9] "From the beginning, his work was in dialogue with the profound aspirations of the institutions of art and religion", M. Govan, *Dan Flavin, Sacred and Profane*, cit. p. 191.

every minute aspect of nature—animals and plants, as well as inanimate objects. According to the theory formulated by Bonaventura da Bagnoregio, also a Franciscan, the world is a book in which God has written about his essence through facts, while in the Bible this essence is implied in the words. Facts are thus as important as thoughts. Light is a fact, the fluorescent tube is a fact, the physical feeling they convey to our retina is a fact, even the psychological effect due to the new space determined by the work of art is a fact. Thus facts are tangible and demonstrable things, even when feelings are manipulated. Facts are psychological conditions, besides being things. If God—in whom Flavin did not believe—does not dwell in facts, at least, truth does. In the Middle Ages Ockham started the era of scientific research based on empiricism—that is, reliance on sensory experience rather than on dialectical syllogisms. In twentieth-century art, Flavin confirmed the same need: that of giving a value to direct experience. Flavin's rejection of symbolism was related to his intention of asserting the significance of the experiential aspect of the artwork, which should be articulated on at least two levels: an immediate one—as suggested by terms such as 'untitled' or 'monument'—and the other mediated instead by knowledge of differing types (places, ideas, people, events).

Flavin wanted to emphasize his cult of simplicity: he wanted to consider electric light as a fact and to offer it as a means for colouring or creating and changing spaces, which is, after all, what painting has always done. However, besides this and without any contradiction, we may imagine that the artist was much more involved in reflecting both on the nature of things and on his own life than he was prepared to admit. Certainly, these notions would not appear exceedingly sophisticated to a seminarist.

For Flavin, supporting Ockham and being contrary to Thomas Aquinas, meant embracing simplicity, facts and intuition, and rejecting the complications and excesses of rationalism; the evocation of this old dispute meant siding with those who, already in the Middle Ages,

were described as moderns, in contrast with the hypocritical ancients. Flavin himself stated that: 'Somehow at eighteen, I began to think about art—Roman Catholic diversions of it, of course'.[7] Flavin's relation with the world of devotional images is proved by an essay he wrote on icons.[8] Moreover, complete detachment from the Church would not have allowed the artist to transform a former First Baptist church into the Dan Flavin Art Institute in Bridgehampton, New York. All things considered, Michael Govan is right when claiming that: 'From the beginning, his work was in dialogue with the profound aspirations of the institutions of art and religion',[9] but only if religion is interpreted as a tendency to face the general problems of existence and to find a solution, possibly to be conveyed to the public through light impulses.

As a matter of fact, the metaphysics of light and the symbolic value of colour are implicit in all modern painting in which the primary field of action is colour. Numerous works are thus dedicated by Flavin to 'colourists': from an early juvenile tribute to van Gogh to *Untitled (To Henri Matisse)* (1964), *Pink out of a corner (To Jasper Johns)* (1964), *Greens crossing Greens (to Piet Mondrian who lacked green)* (1966), *Untitled (to Don Judd, colourist)* (1987). In the Chiesa Rossa, in Milan (1996), Flavin accepted and repeated the grammar of colour typical of Catholic figuration, to the extent that he may have once again repeated the themes dear to Franciscan theology, as applied to art: in particular, the Plotinian metaphysics of light, developed into a philosophical theory by the English prelate and scholar Robert Grosseteste (c. 1175-1253), according to whom light—that is, God—spread itself over the world, gradually mixing with the matter and passing from the purity of white to the contamination represented by colour. If we refuse to belie Flavin's words and consider him a mystic *tout court*, we must at least admit that colour was, for him, the main phenomenal medium, allowing him to convey ineffable emotions—that is, emotions that cannot be expressed in words.

If we consider the other artists from the past

[7] See '"…in daylight or cool white": an autobiographical sketch,' p. 12.
[8] Reprinted in *Dan Flavin: Fluorescent light etc.*, p. 50.
[9] 'From the beginning, his work was in dialogue with the profound aspirations of the institutions of art and religion' (M. Govan, *Dan Flavin, Sacred and Profane*, p. 191).

ma a modo proprio religioso. Emerge anzitutto Vladimir Tatlin, con la più ampia serie di omaggi che Flavin abbia concepito, genio della fede nella tecnica e nelle comunicazioni; accanto a questo compaiono Malevic, Mayakowsky, Rodchenko, El Lissitskij, tutti artisti che nel loro laicismo conservavano un forte afflato utopista; intellettuali che, lungi dal considerare finita una prospettiva teleologica della vita, la portarono dalle chiese alle strade. Di più: avvertirono l'urgenza di convertire gli antichi riti devozionali a un nuovo credo ideale, utilizzando per le loro opere, per esempio, il posizionamento ad angolo tra due muri dell'icona ortodossa nella sfera domestica: lo troviamo soprattutto nel *Quadrato nero* di Malevic, nel *Prounenraum* di El Lissitskij, nei *Controrilievi* di Tatlin e fu una chiave d'accesso alla trasformazione dell'opera da semplice oggetto a matrice che anima o addirittura crea un ambiente; non a caso l'uso dell'angolo è profondamente radicato nel lavoro di Flavin, dall'opera dedicata a Johns a quella per i caduti in imboscata e così via. Questa passione per i costruttivisti russi può essere giustificata con la pubblicazione in America, nel 1962, del fondamentale saggio di Camilla Gray *The Russian Experiment in Art 1863-1922* (Thames and Hudson): un libro che probabilmente influenzò l'intero minimalismo. Flavin però sembra aderire in modo peculiare all'aspetto utopistico del movimento, piuttosto che alla non-rappresentatività che colpì Bob Morris o allo spessore ingegneristico che affascinò Carl Andre.

Come spesso è accaduto a chi ha abbracciato in maniera radicale la teologia francescana, così capace di congiungere "la cosa in sé" e il sublime di cui è testimonianza, Flavin schiaccia il trascendente sull'immanente e fa del mondo il proprio dio. In una simile prospettiva l'idea di elevazione spirituale non va affatto perduta e anzi assume un sapore panteista. La religiosità si riconverte in una concezione dell'uomo come animale squisitamente sociale, saldamente legato a emozioni e tradizioni che ne regolano la convivenza: il culto dei morti, l'amicizia, la convivenza civile, anche l'amore: nei titoli delle opere spesso compare la parola "lovingly" (per esempio *To S.A*, 1987) o "loving" (in *Loving memory of Toiny from Leo and Dan*).

Come sostiene Hal Foster a proposito di un po' tutti i minimalisti, Flavin fu tutto tranne che un formalista[10]: alla fine del suo preteso disincanto vediamo comparire nel lavoro un aspetto narrativo, un lato spirituale, un lato utopistico e una componente addirittura diaristica[11]. Flavin sembra volere confessare, tra le parentesi che ne vivificano il lavoro, di essere sempre rimasto religioso anche se non credente, utopista anche se non politico, affettuoso anche se non sentimentale. Suggestivo tanto da farci interrogare, ad ogni suo respiro luminoso, sul senso intero della vita anche se senza alcuna "cosmetica cosmica" e volutamente, saggiamente, tenacemente impegnato a non dare risposte.

[10] Hal Foster, *The Crux of Minimalism* (in H. Singerman, ed., *Individuals: A selected History of Contemporary Art, 1945-1986*, Los Angeles 1986), ripubblicato in *The Return of the Real*, MIT Press, Cambridge-Mass.-London 1996, p. 56: "Minimalism appears as a historical crux in which the formalist autonomy of art is at once achieved and borken up".
[11] Cfr. l'allusione addirittura a un *journal intime* ipotizzata da A. Nigro in *Estetica della riduzione*, cit., p. 140.

to whom Flavin dedicated his works, we can see from their titles that he was interested in those who attempted, as he did—and often more passionately—to convey a secular vision of the world, which was, however, in some ways, a religious one. First and foremost, was Vladimir Tatlin, with his faith in technology and communications, to whom Flavin dedicated the largest series of works. Others included Malevich, Mayakovsky, Rodchenko and El Lissitzky, all cultural figures who, in addition to their laicism, still retained a strongly utopian inspiration; they were intellectuals who, far from regarding the teleological view of life as extinct, brought it from the churches into the streets. Moreover they felt the need to transform the ancient devotional rites into a new idealistic belief—for example, by placing their works in corners, which is the way orthodox icons are displayed in people's homes. We find this most of all in Malevich's *Black Square*, El Lissitzky's *Prounenraum* and Tatlin's *Counter-Reliefs* and it may be considered the key to the transformation of the artwork from a simple object to a matrix that animates, or even creates, an environment. Not by chance the use of the corner is deeply rooted in Flavin's work, including the work dedicated to Jasper Johns, the one for the fallen in an ambush and so on. Flavin's passion for the Russian Constructivists may be due to the publication, in 1962, of the fundamental essay by Camilla Gray, *The Russian Experiment in Art 1863-1922* (Thames and Hudson, London, 1962), a book that probably influenced the whole Minimalist movement. However, Flavin was particularly interested in the utopian aspects of the movement, while Robert Morris was impressed by its non-representational nature and Carl Andre by its association with engineering. As it often happens to people embracing in a radical manner Franciscan theology, which is so clever at combining the 'thing itself' with the sublime to which it bears witness, Flavin reduces the transcendent to the immanent and elects the world as his own God. In such a perspective, the idea of spiritual uplift is not lost at all: on the contrary, it assumes a pantheist character. Religiousness is

reconverted to a notion of man as an uniquely social animal, closely linked to the emotions and traditions regulating human society, such as the cult of the dead, friendship, civilized coexistence and even love: the titles of the works often include the word 'lovingly', as in *Untitled (to S.A. lovingly)*, 1987, or 'loving', as in *Untitled (in loving memory of Toiny from Leo and Dan)*, 1987.

As the critic and scholar Hal Foster said, referring to all the Minimalists, Flavin never was a formalist:[10] despite his evident disenchantment, we see the appearance in his work of a descriptive aspect, a spiritual side, a utopian view and even a diaristic element.[11] In the digressions that enliven his work, Flavin seems to want to confess that he has remained religious, though not a believer, that he is a utopian, though not a politician, and a warm-hearted man, though rejecting sentimentalism. This revelation is so fascinating that it makes us wonder, as we gaze at his displays of lights, about the meaning of life, even without any 'cosmic cosmetics' and even though he was deliberately, wisely and tenaciously committed to avoiding any answer.

[10] Hal Foster, *The Crux of Minimalism* (in H. Singerman, ed., *Individuals: A Selected History of Contemporary Art, 1945-1986*, Museum of Contemporary Art, Los Angeles, 1986), reprinted in *The Return of the Real*, MIT Press, Cambridge, Mass. and London, 1996, p. 56: 'Minimalism appears as a historical crux in which the formalist autonomy of art is at once achieved and broken up'.
[11] See the reference to a possible private diary in A. Nigro, *Estetica della riduzione*, p. 140.

Roberta Riccioni

Intervista a Giuseppe Panza di Biumo

Interview with Giuseppe Panza di Biumo

Green crossing Green (to Piet Mondrian
who lacked green), 1966
Luce fluorescente verde /
Green fluorescent light
Unità da 2 e 4 piedi / *2 and 4 ft fixtures*
Prima sezione: 122 x 610 cm;
seconda sezione: 61 x 670 cm
First section: 48" x 240";
second section: 24" x 236³/₄"
Solomon R. Guggenheim Museum,
New York
Coll. Panza, 1991
91.3705
David Heald © SRGF, NY

Roberta Riccioni: *Nel 1996 ha deciso di donare la sua casa e la sua collezione d'arte al FAI. Può spiegare le ragioni di questa scelta importantissima ma credo in un certo senso molto sofferta? Aveva considerato la possibilità di intraprendere altre strade prima di accettare la proposta del FAI?*

Giuseppe Panza di Biumo: La scelta di donare la mia casa non è stata sofferta, al contrario è stata una grandissima gioia; avevo in mente da diversi anni di realizzare un museo a Biumo. Avevo provato altre volte con altre istituzioni senza però riuscire. Quando il FAI ha dimostrato interesse per ottenere la donazione, ho subito accolto questa possibilità con gioia e sollievo.

RR: *Che effetto le fa entrare nella Villa, nella sua casa, ora che questa è diventata un bene pubblico, appartenente a tutti?*

GPdB: Il mio legame con la Villa è rimasto molto forte, nonostante la donazione e la trasformazione in luogo pubblico; sono sempre vissuto lì ed è senza dubbio il posto più bello che io conosca. Quando vado a Biumo mi sento trasformato, perché vivo in un altro mondo, in un'altra realtà. Il mio desiderio era che questa sensazione speciale continuasse a vivere nel tempo: purtroppo i proprietari muoiono, le collezioni vengono disperse e gli eredi, specialmente se sono numerosi come nel mio caso, non possono tenere assieme le cose rispettando fino in fondo i desideri del proprietario. Quello che io con questo gesto ho voluto evitare è che la mia collezione sparisse come invece è capitato a tante bellissime collezioni i cui proprietari non si sono preoccupati per tempo di donarle a delle istituzioni competenti che le preservassero.

Roberta Riccioni: *In 1996 you decided to donate your house and art collection to the FAI. Can you explain the reasons for such a choice, which was an extremely significant one, but certainly very difficult? Did you consider other possibilities before accepting the FAI proposal?*

Giuseppe Panza di Biumo: The decision to donate my house was not difficult at all—on the contrary, I was very happy about it. For several years I had been thinking of turning the Villa di Biumo into a museum and I approached other institutions, without success. When the FAI showed its interest in obtaining the donation, to my great joy, I immediately seized the opportunity.

RR: *How do you feel about going into the villa—your own house—now that it's part of the national heritage and belongs to the public?*

GPdB: My links with the villa are still very strong, despite the donation and its transformation into a public place. I lived there all my life and it's definitely the most beautiful place that I know. Whenever I go to Biumo I feel transformed, because I'm in another world, another dimension. My wish was for this special feeling to live on in time, but unfortunately the owners die, the collections are dispersed and it is very difficult for the heirs—especially when they're numerous, as in my case—to keep them all together, fully complying with the owner's wishes. With my decision I intended to avoid the disappearance of my collection, something that has happened to many wonderful collections that weren't donated in time by the owners to institutions capable of preserving

Quando al contrario mi capita di andare in un museo e vedo delle bellissime cose donate da grandi collezionisti non posso non provare un'immensa gratitudine verso queste persone, che in questo modo mi hanno dato la possibilità di vivere una grande emozione. Il fatto inoltre di aver "sparpagliato" la mia collezione in diversi musei, quali il Solomon R. Guggenheim Museum e il MoMA di New York e il MoCA di Los Angeles per fare degli esempi, mi permette di sentirmi a casa mia in qualsiasi di questi luoghi in quanto posso ritrovare in essi una parte importante della mia vita. Lo stesso vale, a maggior motivo, per la Villa di Biumo: è comunque casa mia, perché posso andare a rigenerarmi, come dicevo prima, ogni volta che ne sento la necessità. In più ora posso dare una simile possibilità a tutte le persone che amano l'arte e che traggono beneficio dal contatto con essa. La bellezza e l'unicità della casa di Biumo stanno nel fatto che tutto il contesto, e non solo i quadri o le opere d'arte nel senso più stretto del termine, costituiscono il museo: l'ambiente diventa in qualche modo il riflesso delle opere d'arte che ci sono dentro, diventa una totalità. La capacità di vivere dentro questa totalità è un fenomeno rarissimo perché chi decide di costituire una collezione è di solito più interessato ai singoli oggetti che al modo in cui questi vengono esposti.

Altro elemento unico è il giardino: non credo infatti ci siano molti giardini che sono una vera e propria piazza artificiale creata in cima a una collina. Tutti gli altri parchi, anche i più belli (basti pensare agli esemplari francesi), erano infatti in pianura e utilizzavano degli ampi spazi creando la sensazione dell'orizzonte lontano; in Italia, non essendoci gli spazi di cui possono disporre i francesi, tutti i giardini in collina sono degradanti, seguono cioè l'andamento del terreno. Non esiste quindi uno spazio dove l'ambiente è sollevato verso il cielo, verso la luce. Il giardino di Biumo è una delle pochissime eccezioni: la soluzione è stata concepita dal Menafoglio, che ha speso una grandissima cifra per creare questi enormi muraglioni che sostengono il terreno e che rendono piatta una collina che era scoscesa. Il tutto è stato realizzato spostando a mano il terreno dall'area dove c'è attualmente il parco

delle Ville Ponti, il cosiddetto "gado" che una volta era annesso al complesso di Villa Panza e apparteneva quindi al Menafoglio. Con questo tipo di realizzazione ha voluto concretizzare la sua idea di terrazzo che isolasse la Villa dal mondo e la ponesse vicino alla luce: questa è una cosa a mio parere straordinaria. È proprio in questo senso che si può affermare che il giardino completi la Villa e la collezione in essa esposta.

RR: *Intorno alla metà degli anni sessanta ha iniziato a comprare arte minimal: come ha conosciuto le opere di Dan Flavin e di Robert Morris?*
GPdB: Ho iniziato a comprare opere realizzate dagli artisti cosiddetti "minimal" nel 1966: la mia attenzione è stata in particolare catturata dai lavori di Flavin, Morris e Judd, tutti appartenenti a questa corrente anche se diversi nelle loro scelte linguistiche. Flavin in particolare mi ha subito interessato e quindi ho concentrato i miei sforzi, anche economici, per arrivare a possedere un numero consistente di installazioni. Dopo l'esposizione organizzata nel 1966 a Colonia alla Galleria Zwirner, Flavin nel 1967 aveva allestito una mostra anche a Milano alla Galleria Sperone, la prima in una galleria italiana. La mostra è durata poco tempo, ma è stato proprio in questa occasione che sono venuto in contatto per la prima volta con le opere di Flavin e che ho deciso di iniziare ad acquistarle. Il fatto che a quell'epoca un'installazione di Flavin costasse tra le 150.000 e le 200.000 lire aiuta a spiegare il perché di un acquisto così consistente.

RR: *La sua collezione di Flavin è infatti tra le più ampie al mondo esposte permanentemente: questo dimostra che ha sempre creduto nella sua arte, anche se, quando l'artista era ancora in vita, non aveva molto successo. Perché?*
GPdB: Flavin negli anni sessanta aveva solamente un successo di stima, perché era considerato un buon artista, ma non aveva nessun successo di mercato; fino a quando è morto si potevano acquistare le sue opere a dei prezzi ragionevoli, che oscillavano da 20-22.000 dollari fino a 30.000 dollari per le installazioni più grandi e realizzate in sole tre

them. On the contrary, whenever I visit a museum and see splendid works of art donated by great collectors, I feel extremely grateful to these people who have allowed me to experience a feeling of great pleasure. Besides, the fact that my collection is scattered in several museums, such as the Solomon R. Guggenheim Museum and the MOMA of New York as well as the MOCA in Los Angeles, to name just a few, makes me feel at home in any of these places as I find a part of my life there again. The same is even truer at the Villa di Biumo: I feel at home there, because any time I want I can go there and feel revived. Moreover, now I can give the same opportunity to all the people who love art and benefit from contact with it. The beauty and uniqueness of the Villa di Biumo lies in the fact that the whole context, not only the paintings and other works of art, makes up the museum: the setting is somehow a reflection of the works it contains and they become an integrated whole. The ability to live within such a whole is a very rare phenomenon, as collectors are usually more interested in the individual objects than in the way these are shown.

Another unique characteristic is the garden: as a matter of fact I don't think there are many gardens consisting of an artificial square space created on the top of a hill. All the other parks, even the best—just think of the French parks—are on level ground, with their wide open spaces creating the impression of a distant horizon; in Italy we don't have the open spaces available to the French, so all the gardens in the hilly areas, reflecting the topography, are laid out on slopes. These aren't, therefore, spaces dominated by the sky, by the light. The garden at Biumo is one of the very rare exceptions: it was conceived by Marquis Paolo Antonio Menafoglio, who spent an incredible sum of money on building the enormous retaining walls to support the earth, allowing him to flatten a once steep hill. The work was done manually by carrying the soil from the area now occupied by the park of the Ville Ponti, the so-called *gado*: once part of the Villa Panza complex, it also belonged to Marquis Menafoglio. Through this project he wanted to give concrete form to his idea of a terrace, isolating the villa from the world and bringing it nearer to the light: I think this is extraordinary. And this is why it may be said that the garden completes both the villa and the collection exhibited in it.

RR: *Around the middle of the 1960s you started to buy Minimal art: how did you discover the works by Dan Flavin and Robert Morris?*

GPdB: I started to buy the works of the so-called Minimal artists in 1966: I was attracted especially by the works of Flavin, Morris and Judd, all belonging to this movement, though using different forms of artistic expression. I felt a special interest in Flavin, in particular, and I focused my efforts—also from a financial point of view—on acquiring a substantial number of installations. After the exhibition staged in 1966 at the Galerie Zwirner, in Cologne, Flavin also had an exhibition in Milan in 1967, at the Galleria Sperone, the first in an Italian gallery. The show only lasted a few days, but I had the chance to see the works by Flavin for the first time and I decided to start buying them. The fact that, at the time, an installation by Flavin only cost between 240 and 320 dollars helps to explain why I bought so many.

RR: *As a matter of fact your collection of works by Flavin is one of the largest in the world on permanent exhibition: this shows that you have always believed in his art even if, when the artist was still alive, he was never very successful. Why?*

GPdB: In the 1960s Flavin received critical acclaim because he was regarded as an excellent artist, but was not successful as far as the market was concerned; up to his death his works could still be bought at reasonable prices, oscillating between 20,000 and 22,000 dollars, up to 30,000 dollars for the largest installations, which were only produced in three versions, instead of the usual five. Now that the public is finally starting to understand Flavin's greatness, the works once priced at 30,000 dollars are now worth more than 300,000. As far as I am concerned, I was

versioni, anziché in cinque. Oggi che finalmente il pubblico inizia a capire la grandezza di Flavin le opere che allora costavano 30.000 dollari ne valgono più di 300.000. Quello che per me ha costituito un motivo di attrazione fortissimo è il suo linguaggio artistico basato esclusivamente sull'utilizzo della luce e in particolare il forte messaggio mistico che riusciva a trasferirmi.

RR: *Ha avuto la possibilità di conoscere e frequentare Flavin: che ricordo conserva dell'artista e dell'uomo?*

GPdB: Ho avuto la fortuna di conoscere e di frequentare Flavin per diversi anni: è stata certamente un'esperienza particolare perché conoscevo il suo carattere difficile, angoloso, sempre scontento e arrabbiato. Era un uomo pieno di contraddizioni, un uomo che nascondeva quello che aveva dentro. Riusciva a palesare il suo animo solo facendo arte. Credo che in parte si possano ricercare le cause di questa sua insoddisfazione nel suo rapporto con la madre. Flavin era il secondo di una coppia di gemelli e la madre, fino al momento del parto, non era a conoscenza del fatto che avrebbe avuto due bambini. Il trauma del parto gemellare non è mai stato superato dalla madre che ha quindi concentrato tutto il suo affetto e le sue attenzioni verso David, facendo quindi sentire Flavin come un intruso.
Anche la sua vita di adulto è stata caratterizzata da una serie di "insuccessi": la morte del fratello David, a cui era estremamente legato, durante la guerra del Vietnam, la fine del suo primo matrimonio e una seconda unione che però non è mai riuscita a dargli una vera felicità, la malattia che lo ha sempre limitato. Flavin soffriva infatti di diabete, una malattia curabile ma che necessita di una dieta e di un'attenzione ferrea: lui amava tantissimo la cucina francese e quindi non voleva limitare la scelta dei cibi per curarsi. Negli ultimi anni di vita questo suo comportamento ha portato a un aggravarsi della situazione, tanto che gli è stata amputata una parte di un piede.

RR: *È possibile accomunare alla sua passione per la luce anche i "forellini" che si trovano in molte delle finestre dei Rustici e nella cosiddetta "camera di decompressione"?*

Una simile scelta è stata fatta di comune accordo con Flavin o è frutto di una sua decisione personale e assolutamente indipendente?

GPdB: Questo tipo di scelta è stata presa da me, indipendentemente dalla volontà di Flavin: dal momento che non ci sono finestre e quelle presenti devono rimanere chiuse per una corretta percezione dell'opera d'arte, ho voluto evitare di isolare completamente gli spazi dall'esterno. I visitatori, una volta entrati in contatto con le opere di Flavin, grazie a queste piccole aperture possono dare un'occhiata all'esterno e mantenere un contatto con la realtà, contatto che altrimenti andrebbe perso, essendo inseriti in un ambiente assolutamente artificiale quale quello creato da Flavin.

RR: *Il suo tocco non è evidente solamente nell'ala dei Rustici con la creazione delle aperture alle finestre: osservando infatti l'intero allestimento di Villa Panza si può notare un costante e particolare dialogo che lei instaura con gli artisti e con l'ambiente. È corretto dire che, in qualche modo, così facendo partecipi alla creazione di qualcosa di straordinario, che permette di valorizzare ancora di più le opere?*

GPdB: Certamente. Mi è capitato spesso di vedere in collezioni private dei Flavin assolutamente sciupati, non valorizzati dalla collocazione scelta dal collezionista. Sono opere particolari, che hanno bisogno di uno spazio autonomo per poter dialogare con le persone: non possono essere valorizzate se vengono collocate all'angolo di una stanza, insieme ad altri quadri.
La luce da loro emessa contrasterebbe con il restante impianto di illuminazione e quindi si perderebbe completamente il significato profondo dell'opera. A mio parere questa è gente che, per quanto esperta, non ha capito che cos'è un Flavin. Esistono poche altre installazioni permanenti dell'arte di Flavin nel mondo (il "Dan Flavin Art Institute" di Bridgehampton e il museo di Beacon, vicino New York tanto per citarne due tra le più importanti): questo dimostra la profonda difficoltà di allestimento che comportano le sue opere; è estremamente difficile riuscire a capirle e a valorizzarle.

strongly attracted by his artistic language exclusively based on the use of light and, in particular, by the intensely mystical message it conveyed.

RR: *You had the opportunity to meet and know Flavin: what do you remember of the artist and of the man?*

GPdB: I had the good fortune to associate with Flavin for several years, and this was certainly a very special experience due to his difficult and intractable character. He was always dissatisfied and angry, a man full of contradictions who hid his emotions, which he could only express through his art. I think that such discontent was in part due to his relationship with his mother: Flavin was the second of a pair of twins, but his mother didn't know that she was going to have two children until they were born. She never recovered from the trauma of twin-birth, and focused all her love and attention on the other one, David, so that Flavin felt like an intruder. His adult life was also dotted with a series of failures: the death of his brother, with whom he had a very close relationship, during the Vietnam War; the end of his first marriage and a second one that, however, never made him really happy; the illness that afflicted him. In fact, Flavin had diabetes, a condition that is curable but requires a special diet and an iron discipline. He loved French cooking and was not willing to limit the types of food he ate: in the last years of his life this behaviour worsened his health and required the partial amputation of a foot.

RR: *Does your passion for light involve also the small openings found in many of the windows of the* Rustici—*that is, the former service wing—and the so-called decompression chamber? Was this a choice made in agreement with Flavin or was it the result of your own independent decision?*

GPdB: I made this choice independently of Flavin: since the windows must be covered up for the works to be viewed in the correct way, I wanted to avoid the complete isolation of the spaces from the outside. The visitors see Flavin's works and then—thanks to these small openings—they can have a look outside and keep in touch with reality, with which they would otherwise lose contact in the totally artificial environment created by Flavin.

RR: *Your touch is noticeable not only in the area of the* Rustici, *with the openings in the windows: all over the Villa Panza, the continuous and very special dialogue you conduct with the artists and the setting is palpable. Might we say that you are somehow participating in the creation of something extraordinary, allowing the artworks to be seen to best advantage?*

GPdB: Yes, certainly. All too often I've seen Flavin's works in private collections that have been ruined because the collector has displayed them wrongly. These are special works, requiring an independent space to establish a relationship with the viewer: putting them in the corner of a room together with other works is a mistake as the light they emit clashes with the room's lighting system and the deeper meaning of the work is completely lost. In my opinion these people may be experts, but they don't understand Flavin. Only a few other permanent installations of the artist exist: the Dan Flavin Art Institute in Bridgehampton and the Dia:Beacon, near New York are two of the most important. This demonstrates that the setting up of these works is a difficult problem and it's no easy matter to understand them and show them to good advantage.

RR: *The full enjoyment of Flavin's works is closely related to their correct location in the exhibition space: in this respect, the Villa Panza is certainly exemplary. Did the artist give instructions regarding the placing of his installations or is the current arrangement exclusively your own choice?*

GPdB: As I was saying earlier on, it's quite difficult to set up a Flavin correctly and, in my opinion, even Flavin himself never succeeded. Just think of the permanent installations at Bridgehampton: the arrangement of this important series of works was supervised by Flavin in person, but I don't think the outcome is satisfying. The works are too near to each

RR: *Una delle difficoltà maggiori per poter apprezzare a fondo l'arte di Flavin sta nella sua corretta collocazione all'interno dello spazio espositivo. Villa Panza è sicuramente esemplare in tal senso. L'artista aveva lasciato delle indicazioni per la disposizione delle installazioni o l'attuale allestimento è frutto esclusivamente di sue scelte?*

GPdB: Come dicevo prima è molto difficile collocare un Flavin nel modo corretto: lo stesso artista a mio parere non ci è mai riuscito. Basti pensare alle installazioni permanenti di Bridgehampton (Dan Flavin Art Institute): per quanto importante sia quell'allestimento, che è stato curato personalmente da Flavin, credo che il risultato non sia buono. Le opere sono troppo ammassate, non c'è quello spazio che dà a ogni opera d'arte il suo contesto naturale. Questa è una colpa che può essere attribuita solo a Flavin: quando organizzava mostre, metteva tante opere in un'unica stanza, proprio come ha fatto a Bridgehampton, facendo così svanire l'effetto profondo che si dovrebbe respirare. D'altra parte questa era una caratteristica della sua personalità: voleva nascondere quello che realmente era, non voleva dire che la sua vera natura era una natura religiosa, lui voleva essere laico, forse ateo. Per fare un altro esempio su tutti, quando ha organizzato una sua mostra al museo di Los Angeles, mostra in cui erano esposte anche molte opere della mia collezione (non i Flavin, ma i Rothko, i Rauschenberg, i Tápies…), ha collocato in una sola stanza sette o otto installazioni luminose, facendo sì che l'effetto sublime della luce si annullasse, perché si neutralizzavano a vicenda. Io credo che lui, in un certo senso, fosse geloso di me, proprio perché riuscivo a mettere in evidenza la vera natura della sua personalità, che lui non voleva far emergere.

RR: *La maggior parte delle opere di Flavin presenti alla Villa sono state acquistate negli anni settanta e ottanta e poi riallestite negli spazi a sua disposizione. Lei quale criterio ha seguito per l'allestimento? C'è una sequenza logica per la disposizione delle opere?*

GPdB: Per quanto riguarda la sistemazione delle opere, l'allestimento non segue un criterio cronologico anche se, a mio parere, sarebbe quello più corretto. L'opera più vecchia esposta nell'ala dei Rustici è *Untitled 1/5*, cioè l'opera gialla collocata nel corridoio di Turrell: il percorso ottimale dovrebbe quindi essere inverso, dovrebbe cioè partire da quell'inizio dettato dal tempo. Si dovrebbe partire dalla stanza di Maria Nordman che risale al 1970, per poi passare a Irwin e Turrell, che segnano l'inizio delle ricerche sulla luce al fine di un migliore apprezzamento e comprensione del lavoro di Flavin.

RR: *Crede che installazioni come quelle create per la Villa si sarebbero potute realizzare in altri contesti? In altre parole, gli artisti avevano secondo lei dei progetti già pronti e aspettavano di trovare il luogo più adatto alla loro realizzazione, oppure le loro opere sono nate sul posto, dopo essere venuti in contatto con quegli ambienti?*

GPdB: Flavin ha senza dubbio studiato e ideato il *Varese Corridor* sul posto: aveva di certo delle idee in mente, ma è l'unica opera realizzata per Varese, dopo aver visto l'ambiente. Anche nell'opera di Turrell penso sia giusto credere che l'artista avesse dei progetti in mente: avevo visto precedentemente dei lavori analoghi allo *Sky Space* nella sua casa di Santa Monica, anche se poi ovviamente si è reso necessario un adattamento del progetto in base all'ambiente. Lo stesso discorso penso possa essere applicato anche all'opera di Irwin, anche se forse nel suo caso l'ambiente e soprattutto il panorama hanno giocato un ruolo decisivo.

RR: *L'emozione che si prova entrando nelle stanze dedicate a Majakovskij e al fratello morto in Vietnam è molto intensa: la violenza del rosso aggredisce fisicamente l'osservatore, provocando delle sensazioni di fastidio, nausea e soffocamento. Sostando all'interno della stanza dedicata al fratello, però, la colorazione intensa subisce dei cambiamenti e, col passare del tempo, si trasforma in una sorta di arancione rosato molto più rilassante. A che cosa si deve, secondo lei, questa trasformazione?*

GPdB: Questo è senza dubbio dovuto a un

other and there's lack of the space that each of them requires. This is entirely Flavin's fault: whenever he organized an exhibition, he put too many works in one room, just as he did at Bridgehampton, and the profound effect that ought to be felt is lost. On the other hand, this was a feature of his personality: he wanted to hide his real self; and he didn't want to let it be known that his real nature was a religious one and he tended towards laicism, perhaps even atheism. Here is another example: while organizing his exhibition at the MOCA in Los Angeles, which included several works from my collection (not the Flavins, but the Rothkos, the Rauschenbergs, the Tápies...), he placed seven or eight light installations in a single room, so the sublime effect of the light was lost because the works cancelled each other out. I believe that somehow he was jealous of my capability to enhance the real nature of his personality, which he didn't want to reveal.

RR: *Flavin's works exhibited at the villa were mostly bought in the 1970s and 1980s and were placed in the space available: what criteria did you adopt when setting them up? Does the arrangement of the works follow a logical sequence?*
GPdB: The works are not displayed in a chronological order, which, in my opinion, would be the most correct choice. The oldest work exhibited in the *Rustici* wing is *Untitled 1/5*, which is the yellow installation in the Turrell corridor: the order of the visit should, therefore, be reversed—that is, it should start from this work. As I said, it should start from the Maria Nordman room, which dates back to 1970, then proceed to the Irwin and Turrell rooms, which mark the beginning of research into light, thus ensuring a better understanding of Flavin's work.

RR: *Do you think that installations such as those created for the villa could possibly be realized in other contexts? In other words, do you believe the artists had their designs ready and were just waiting to find the ideal place, or that their works originated on site, after they had got to know it?*
GPdB: Undoubtedly Flavin devised the

Varese Corridor on the spot: he certainly had a design in his mind, but this is the only work executed specifically for Varese, after he'd seen the setting. Also, with regard to Turrell's work, I think the artist had a design in mind: I had previously seen works similar to the *Sky Space* in his house in Santa Monica, but the design obviously had to be adjusted to the site. The same holds true concerning Irwin's work, but, in this case, the setting and, most of all, the view played a crucial role.

RR: *The emotion you feel entering the rooms dedicated to Mayakovsky and to the artist's brother, who died in Vietnam, is very intense: the violence of the red physically attacks the viewer, causing disturbing feelings like nausea and suffocation. When you pause in the room dedicated to his brother, however, the intense colour changes with time, fading to become a much more relaxing kind of rosy orange. What, in your opinion, causes this transformation?*
GPdB: This is undoubtedly an optical effect, perceived more deeply in the second room, and this is due to the fact that the viewer spends more time there. In this room the artist is attempting to convey a strongly autobiographical message and it is one of the most intense experiences of the whole exhibition. Another important feature is that the floor of the second room has been painted white, thus enhancing the light, and that this room is larger than the Mayakovsky one. Finally fewer lights have been used and these have been arranged in order to construct a three-dimensional installation, which, because it's detached from the wall, gives the viewers the feeling that they're practically enveloped by it. However, in my opinion, the main reason for this variation in perception is the different way each eye adjusts to the light.

RR: *Which installation, if any, do you feel closer to and why?*
GPdB: I don't like the idea of a classification; each work of art is unique and special for me and each has a unique meaning.

RR: *Four years have gone by since the villa was opened to the public: the idea of staging*

effetto ottico che si percepisce maggiormente nella seconda stanza e che è dovuto al fatto che lo spettatore vi sosta per un periodo di tempo più lungo, visto il forte messaggio autobiografico che l'artista cerca di trasmettere: questo costituisce il momento più intenso dell'intero allestimento. Oltre a ciò deve essere preso in considerazione il fatto che il pavimento della seconda stanza è stato ricoperto con una vernice bianca che serve ad aumentare la luminosità, che le dimensioni della stanza in questione sono maggiori rispetto a quella di Majakovskij e che le lampade usate sono di numero inferiore e sono disposte in modo da costituire un'installazione tridimensionale che, uscendo dalla parete, crea una sensazione di maggiore avvolgimento per lo spettatore. L'elemento che comunque, alla luce di tutti questi fattori sicuramente importanti, ritengo essere fondamentale per spiegare l'effetto differente è l'adattamento diverso alla luce del nostro occhio.

RR: *Qual è, sempre che ce ne sia una, l'installazione a cui si sente maggiormente legato e perché?*
GPdB: Non mi sento di fare una graduatoria, ognuna delle opere è unica e speciale, perché rappresenta un significato altrettanto unico e speciale per me.

RR: *Sono trascorsi ormai quattro anni dall'apertura della Villa al pubblico: la scelta di organizzare una mostra dedicata a Dan Flavin proprio a Biumo è certamente un indice di successo e di apprezzamento da parte del pubblico italiano. Come è nata l'idea?*
GPdB: Mi è capitato spesso di incontrare dei visitatori che, al termine della loro visita mi ringraziavano per aver permesso loro di vivere un'esperienza tanto profonda, totalizzante, unica. Credo quindi di poter dire che il pubblico italiano ha trovato il modo per comprendere questo tipo di arte: d'altra parte la reazione del pubblico è imprevedibile. Non credo sia possibile conoscere ora come la gente reagirà di fronte a una mostra come quella che si inaugurerà qui a Biumo. Il mio scopo, quello di Angela Vettese, che ha avuto l'idea, di Laura Mattioli e del FAI (in collaborazione con il

Solomon R. Guggenheim Museum, New York) è semplicemente quello di rendere omaggio a questo straordinario artista, che ha avuto una vita difficile; era un uomo che cercava costantemente l'amore ma purtroppo non riusciva a trovarlo. Questa sua perenne insoddisfazione spariva solamente quando faceva arte; anche la sua arte finché era in vita era poco capita e poco conosciuta, non tanto dall'ambiente intellettuale quanto piuttosto dal grande pubblico. Oggi finalmente sta iniziando a ricevere gli onori che merita; riservargli spazi all'interno dei musei, organizzare mostre imponenti a lui dedicate è il modo corretto per rendergli omaggio.

RR: *La mostra di Biumo, quella di Washington… siamo di fronte a evidenti segnali di un ritrovato interesse per l'arte minimal dopo decenni di predominio dell'arte cosiddetta "post-modern". Come interpreta questa inversione di tendenza?*
GPdB: Il post-modern è iniziato nel 1976 e ha avuto trent'anni di predominio incontrastato. D'altra parte il minimalismo era considerato come l'ultima espressione del cosiddetto "modernismo", che quindi rappresentava il passato; si sentiva l'esigenza di andare oltre, anche perché il mercato, le gallerie…, tutto ormai dimostrava scarso interesse per il modernismo e quindi per il minimalismo, che viveva un momento di vera e propria emarginazione.
Oggi, dopo trent'anni di post-modern, che personalmente considero un momento di crisi della cultura e della società, in quanto riflette un mondo che ha perduto gli ideali, si sta finalmente iniziando a vedere una reazione, una riconquista di valori, di mete nobili che sono indispensabili per vivere, non solo per fare arte. Non solo mostre temporanee come quella di Biumo e della National Gallery di Washington, ma anche musei permanenti stanno ricominciando a celebrare l'arte minimal: esempio tra i più importanti è senza dubbio quello di Beacon, vicino New York, museo allestito dalla Dia Foundation in un grande edificio industriale, nel quale sono state riservate nove stanze all'esposizione delle installazioni di Flavin. Si tratta di opere

an exhibition devoted to Dan Flavin at Biumo is certainly a sign of the museum's success and of the fact that the Italian public has appreciated the initiative. What gave you the idea?

GPdB: I often meet visitors coming out of the villa at the end of their visit and they thank me for having allowed them to have such a completely absorbing and unique experience. I think the Italian public has now found a way of appreciating this kind of art: on the other hand, the reactions of the public are unpredictable. In my opinion we cannot imagine how people will react to an exhibition such as the one we are going to open here. My objective—and that of Angela Vettese, who first conceived the idea, of Laura Mattioli and of the FAI (in collaboration with the Solomon R. Guggenheim Museum, New York)—is simply to pay tribute to an extraordinary artist who had a very difficult life. He was a man who was constantly looking for love, but unfortunately he never succeeded in finding it. This eternal discontent only vanished when he was busy with his art, although, during his lifetime, this was poorly understood and little known, not so much in intellectual circles, but rather by the public at large. Now it has finally received the recognition it deserves: the provision of space devoted to him in museums and the organization of important exhibitions of his work is the best way to express our appreciation.

RR: *The exhibition at Biumo, the one in Washington… we can now see very definite signs of a revival of interest in Minimal art after decades of predominance of so-called Post-Modern art. How do you interpret this reversal in the trend?*

GPdB: Post-Modernism began in 1976 and has had thirty years of undisputed predominance. On the other hand, Minimalism was considered to be the final expression of Modernism, thus representing the past. Many felt the need for something new, especially because both the market and the galleries showed little interest in Modernism and, therefore, in Minimalism, which tended to be marginalized.

Today, after thirty years of Post-Modernism—which I personally consider to coincide with a period of crisis in both culture and society, as it reflects a world that has lost its ideals—we are finally starting to see a reaction, with the recovery of values and the noble aims that are essential for our lives, not only for art. Not just temporary shows, such as those at Biumo or the National Gallery of Washington, but also museums are beginning to take a renewed interest in Minimal art: a valuable example is undoubtedly that of the museum in Beacon, near New York, set up by the Dia Foundation in a large former factory in which nine rooms have been devoted to Flavin's installations. These are works collected in the 1970s and, in my opinion, the display is exemplary, except for one problem: though placed in a very large space, the installations are disturbed by the natural light that impairs the atmosphere of concentration and isolation, as well as the contemplation of the light effects, which, on the contrary, can be properly appreciated at the Villa Panza.

RR: *If Flavin were still alive, what sort of art would he be producing now, in your opinion? In 2004, forty years since he started his career, do you think he would still be using the same mode of expression?*

GPdB: Artists often change, though not always for the better. However, I don't think that Flavin would have changed; he was always true to his principles and faithful to his initial choice.

I believe that those who, like Flavin, investigate an area of art full of vitality, never tire of exploring it, as if there were a bottomless abyss in which the artist lives every instant of his existence. True art has such a quality; in my opinion true art is never boring—on the contrary, every time you look at it you discover something new and challenging.

As far as I am concerned, I think I've visited the collection on display here at Biumo hundreds of times: each time I come here, I can't help losing myself in Flavin's light creations.

And each time I am moved and thrilled as if it were the first time; I discover new details,

collezionate negli anni settanta, esposte a mio parere in modo esemplare, se non fosse per un unico difetto: le installazioni hanno trovato una loro collocazione in uno spazio molto grande, sono però "disturbate" dalla luce naturale che quindi compromette l'atmosfera di concentrazione, di isolamento e di contemplazione dell'effetto luminoso che invece si può godere a Villa Panza.

RR: *Se Flavin fosse ancora vivo, come crede che esprimerebbe la sua arte? Nel 2004, dopo quarant'anni dall'inizio della sua carriera, crede che farebbe ancora le medesime scelte linguistiche?*

GPdB: Gli artisti spesso cambiano, anche se non sempre i cambiamenti sono per il meglio. Non credo tuttavia che Flavin avrebbe cambiato; ha sempre avuto una grande coerenza, è sempre stato fedele alla sua scelta iniziale. Credo che chi, come Flavin, approfondisce una scelta piena di vitalità non finisca mai di esplorarla e di conoscerla; è come se fosse un abisso senza fine in cui l'artista si ritrova a vivere ogni istante della sua esistenza. L'arte vera ha questa qualità; l'arte vera secondo me non stanca mai, anzi, ogni volta che la si vede si riscopre in essa qualcosa di nuovo e di stimolante.

Nel mio caso credo di aver visitato la collezione esposta qui a Biumo centinaia di volte: ogni volta che vengo qui non posso fare a meno di immergermi nelle creazioni luminose di Flavin. E ogni volta mi ritrovo a emozionarmi come se fosse la mia prima visita, scopro particolari, sfumature che mi aiutano a capire sempre meglio, sempre più a fondo l'universo Flavin.

RR: *Se lei potesse accompagnare ogni singolo visitatore che verrà a vedere la mostra di Biumo, quale consigli si sentirebbe di dare per aiutarlo a vivere nel modo migliore "l'esperienza Flavin", a "immergersi" totalmente nelle sue opere?*

GPdB: Gli direi semplicemente di liberare la mente da tutto, di mettere l'orologio da parte e di lasciarsi andare completamente. Quest'arte è secondo me un vero e proprio lavaggio dell'anima più che della mente. Per poterla apprezzare e capire fino in fondo è assolutamente necessario abbandonare i pensieri e lasciarsi trascinare dalle proprie emozioni.

Intervista realizzata a Villa Panza il 3 luglio 2004

nuances that help me to understand them even better, to go ever deeper into Flavin's universe.

RR: *If you could show round all the visitors to the exhibition at Biumo, what would you suggest to help them make the most of the 'Flavin experience'—to 'lose themselves' completely in the artist's works?*

GPdB: I would simply advise them to free their minds, forget their watches and relax completely. In my opinion, this art really cleanses your soul more than your mind. To appreciate and understand it thoroughly it is absolutely essential to stop thinking and to let your emotions carry you away.

The interview took place on 3 July 2004 at the Villa Panza

Lucia Borromeo Dina

Le installazioni di Dan Flavin a Villa Panza: tra soluzioni espositive e problemi di conservazione

Dan Flavin's Installations at the Villa Panza: Problems Raised by their Display and Maintenance

Untitled (to Caroline), 1987
Luce fluorescente naturale, bianco
freddo, bianco caldo / *Daylight, cool
white, warm white fluorescent light*
Ed. 2/5
6 unità / *6 fixtures*
243,8 x 30,5 x 10,2 cm
95^{15}/$_{16}$" x 12" x 4"
Coll. Panza
DF 62
© Giorgio Colombo, Milano

"(…) l'opera di Flavin implica una semplicità di forme e un'economia di materiale – riduttiva nei mezzi e ragionevole nei costi – che vengono composte dall'autore con diretta e reale chiarezza."[1]

Le parole con cui Marianne Stockebrand conclude un'interessante relazione sull'arte di Dan Flavin potrebbero far pensare anche a una certa agilità delle procedure conservative nei confronti delle opere dell'artista americano. Purtroppo la realtà gestionale delle installazioni luminose è assai diversa, come può dimostrare lo stesso Fondo per l'Ambiente Italiano in seguito all'esperienza dei primi cinque anni di direzione di Villa Panza.
Se infatti la comune diffusione sul mercato delle lampade fluorescenti[2] e la semplicità del loro utilizzo sembrano avallare l'ipotesi di un facile allestimento di questo tipo di lavori, molti sono i problemi e gli imprevisti che si sono manifestati nel corso di questo quinquennio di regolare apertura al pubblico.
Per quel che riguarda l'esposizione di tali installazioni per esempio bisogna sapere che l'operazione di accensione e spegnimento delle luci è molto più dannosa ai fini della durata delle lampade che non la loro costante illuminazione. Per tale motivo, nei giorni di apertura, le opere della Villa restano in funzione anche in assenza di visitatori per un tempo di almeno due ore. Solo dopo il superamento di tale soglia è preferibile procedere con lo spegnimento. Un ulteriore problema conservativo è costituito inoltre dall'opera *Varese Corridor* che, per evitare possa interferire con la visione delle altre stanze, viene accesa solo per alcuni minuti e a metà del percorso di visita.

"(…) Flavin's work involves a simplicity of form and economy of material reductive in means and reasonable in cost, composed with a very direct, factual clarity."[1]

The words with which Marianne Stockebrand concludes an interesting report on the art of Dan Flavin might suggest that the American artist's works do not pose serious problems of conservation. Unfortunately, the reality of looking after his light installations is very different, as the Fondo per l'Ambiente Italiano (FAI) can attest after its first five years of managing the Villa Panza.
Whereas the easy availability of fluorescent lights[2] and the simplicity of their use would seem to suggest that these installations are simple to set up and maintain, many problems have arisen during the five years the Villa Panza has been open to the public on a regular basis.
As far as the display of such installations is concerned, it is important to realize that the action of switching the lights on and off is much more detrimental to the duration of the tubes' operating life than if they are left on all the time. For this reason, on the days when the villa is open, the installations remain turned on even when there are no visitors for a period of at least two hours. It is only after this time is exceeded that it is worthwhile switching them off. A further conservation problem is created by the work *Varese Corridor* which, to prevent it disturbing the viewing of other rooms, can only be switched on for a few minutes halfway through the viewer's visit.
From the point of view of the perception of the works, it should also be pointed out that

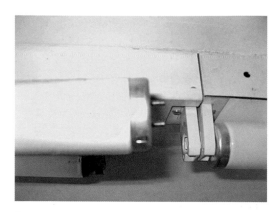

Esempio di lampada con attacco doppio /
Example of lamp with double holder

Dal punto di vista della percezione artistica, va sottolineato inoltre che le luci del *Varese Corridor* non solo si sovrappongono a quelle provenienti dalle opere vicine, a volta penetrando fino all'interno dei locali e mescolandosi alle opere esposte, ma alterano notevolmente anche la visione di installazioni di altri artisti presenti nell'Ala dei Rustici. Si pensi per esempio al viraggio di colore che subisce la luce esterna incorniciata nella lunetta dell'opera *Sky Window I* di James Turrell, che da naturale diventa violacea e quasi metallica. D'altra parte, trattandosi in entrambi i casi di opere *site specific*, ossia appositamente create per gli ambienti in cui sono al momento collocate, non esiste alcuna possibilità di intervenire sull'allestimento attuale.

Nel visitare l'Ala, inoltre, può sfuggire a prima vista l'ingente quantità di lampade necessaria per l'esposizione completa della collezione. Le dodici opere sono composte infatti da un totale di ben 333 elementi, 207 dei quali occorrenti per la composizione del solo *Varese Corridor*. Ma anche altre installazioni, apparentemente "snelle" o comunque costituite a prima vista da una manciata di elementi, sono in realtà molto corpose: si pensi che la solare *Untitled (In Loving Memory of Toiny from Leo and Dan)* è composta da 32 lampade, mentre l'eterea *Ultraviolet Fluorescent Light Room* ne conta ben 39.

Va da sé che le lampade fluorescenti richiedono una conservazione attenta e adeguata. In primo luogo va ricordato che esistono due tipi di incastro del tubo al portalampada: la versione originale, con due contatti laterali singoli e un meccanismo d'inserimento a molla, e l'adattamento più recente, costituito da una doppia coppia di barrette metalliche laterali che, una volta infilate, richiedono un ulteriore movimento in senso rotatorio. L'operazione di inserimento e distacco esige perciò particolare attenzione per evitare di deformare gli attacchi metallici o di allargare i fori d'innesto.

Essendo inoltre sensibili agli sbalzi igrometrici, tali attacchi metallici richiedono un controllo periodico e l'immagazzinamento in ambienti idonei, meglio naturalmente se distribuiti in casse rigide appositamente trattate.

La durata media di una lampada, adeguatamente conservata, è di circa due anni, dopodiché appaiono i primi segni della consunzione: i margini laterali presentano degli annerimenti e la luce emessa si fa fioca e intermittente. Ecco quindi che, una volta completate le operazioni inventariali relative agli esemplari in deposito, è emersa urgentemente la necessità di costituire un fondo di pezzi che facesse fronte alle esigenze espositive della collezione, allo scopo di garantirne – in questa prima fase di gestione, e in considerazione delle spese necessarie – il pieno funzionamento per un periodo di almeno quindici-vent'anni.

La redazione del registro inventariale ha dovuto tener conto, oltre che delle diverse lunghezze dei tubi (60, 120, 180 e 240 cm) e dei tipi di colore (rosa, giallo, blu, verde e rosso), anche della tipologia degli attacchi (singoli o doppi) e della qualità della luce (calda, fredda, naturale). A lavoro ultimato, la cifra complessiva degli elementi necessari alla realizzazione del progetto espositivo superava di poco i 1000 pezzi.

Per quanto consistente, si sarebbe trattato di un ordine rientrante nei normali parametri gestionali, se non si fosse presentato un grave ostacolo: nel corso degli anni, grazie al perfezionamento delle tecniche industriali, il diametro delle lampade si è notevolmente ridotto, raggiungendo la misura standard di 1,5 centimetri. Gli esemplari della collezione invece, che risalgono per lo più agli anni settanta del Novecento, sono ancora larghi 4 centimetri: misura totalmente fuori produzione e irreperibile sul mercato. I tentativi fatti sia in Italia che in altri paesi europei con le grandi case produttrici (Osram, Philips eccetera) sono risultati purtroppo vani, né è stato possibile richiedere la nuova realizzazione di pezzi appositamente costruiti per la Villa, nemmeno aumentando esponenzialmente i quantitativi degli ordini, poiché gli stessi macchinari di fabbrica erano stati definitivamente modificati. L'alternativa di sostituire tutte le lampade con i nuovi pezzi di diametro ridotto avrebbe innanzitutto comportato la sostituzione degli stessi portalampada, che altrimenti sarebbero apparsi sovradimensionati. In secondo luogo,

[1] Marianne Stockebrand, *Pink, Yellow, Blu, Green & Other Colors in The Work of Dan Flavin*, conferenza tenuta nel febbraio del 1996 presso il Dia Center for the Arts e pubblicata nel sito www.chinati.org.
[2] Si preferisce in questa sede utilizzare la definizione di "luci fluorescenti" (basate sull'interazione tra il gas contenuto e il rivestimento colorato della lampada) rispetto al più comune termine di "luci al neon" (basate sull'utilizzo di gas colorato), poiché quest'ultimo non corrisponde con esattezza alle lampade presenti nella Villa.

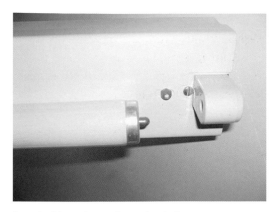

Esempio di lampada con attacco singolo /
Example of lamp with double holder

[1] Marianne Stockebrand, *Pink, Yellow, Blue, Green & Other Colors in The Work of Dan Flavin*, from a lecture given in February 1996 at the Dia Center for the Arts and published on the site www.chinati.org.
[2] Here the term 'fluorescent light' (based on the interaction between the gases contained in the tube and its coloured lining) is preferred to the more common term 'neon light' (based on the use of coloured gas), as the latter does not accurately describe the tubes used at the Villa Panza.

the lights of *Varese Corridor* not only overlap those of the nearby artworks, at times penetrating right into rooms and interfering with the other works exhibited, but also notably alter the observer's appreciation of installations by other artists in the Rustici. Consider, for example, the modification produced on the quality of the external natural light framed by the lunette in James Turrell's *Sky Window I*, the natural colours of which are altered to an almost metallic mauve. On the other hand, as both works are site specific—that is, that they were specially created for their current location—there is no possibility of altering the way they are arranged at present.

In addition, when visiting the Rustici, the huge number of lights used in the complete display of the collection may not be apparent at first. The twelve works are in fact composed of 333 lamps, of which 207 are required for the *Varese Corridor* alone.

Other installations—which are apparently smaller or, at first sight, formed by just a few lamps—are, in fact, more substantial: for example, the very bright *Untitled (In Loving Memory of Toiny from Leo and Dan)* is composed of 32 lights, while the ethereal *Ultraviolet Fluorescent Light Room* has no less than 39.

It goes without saying that fluorescent tubes require careful maintenance. First, it must be remembered that there are two types of base used to attach the tube to its holder: the original version, with two separate lateral pins and a spring-loaded insertion mechanism, and the more recent version, in which two pairs of lateral metal pins need to be rotated after it has been inserted in the sockets.

The tubes must be fitted into the holders and removed from them very carefully in order to prevent the deformation of the metal bases or the enlargement of the socket holes.

Moreover, since they are sensitive to changes in air humidity, these metal bases need to be checked periodically and stored in suitable conditions, preferably in specially treated rigid cases.

If it is properly looked after, the average service life of a tube is roughly two years, after which the first signs of wear begin to appear: the ends of the tube start to blacken and the light emitted becomes weaker and intermittent. Thus, when an inventory was made of the spare tubes in the store, it was clear that an adequate stock of them was urgently needed in order to ensure—during this first period of our management, and in view of the expense involved—that the installation would be fully functional for a period of at least fifteen to twenty years.

In addition to the different lengths (60, 120, 180 and 240 cm) and colours (pink, yellow, blue, green and red) of the tubes, the inventory also had to take into account the type of base (single or double) and the quality of the light (warm, cold or daylight). When this had been done, the total number of spare tubes required to ensure the continuation of the displays at the Villa Panza came to just over a thousand.

Although this figure may appear large, it would have been a normal order for maintenance purposes, but there was a serious problem: thanks to improved manufacturing techniques, over the years the diameter of the tubes had been substantially reduced to a standard size of 1.5 centimetres. However, the tubes in the collection mostly date from the 1970s and are 4 centimetres in diameter, a size that is no longer produced and cannot be found on the market. Attempts made in Italy and other European countries to obtain them from the large lighting manufacturers (Osram, Philips, etc.) were, unfortunately, in vain; moreover, it would not have been possible to commission tubes to be made especially for the Villa Panza, even if the order were greatly increased, as the production machines had been permanently modified. The alternative of replacing all the tubes with the new, smaller size would, first of all, have required the substitution of the holders, which otherwise would have seemed too big. Secondly, the use of slimmer tubes raised many doubts regarding the degree of faithfulness to the

l'utilizzo di tubi più sottili sollevava molte perplessità in termini di fedeltà all'opera originale, le cui proporzioni non sarebbero più state rispettate. Tali timori si sono dimostrati fondati in occasione della rottura di una lampada a luce ultravioletta dell'opera *Ultraviolet Fluorescent Light Room*: il nuovo tubo più esile infatti, pur offrendo la medesima resa luminosa, alterava inevitabilmente la percezione complessiva dell'installazione. In mancanza di valide alternative immediate, ci siamo visti costretti, in accordo con Giuseppe Panza, a chiudere temporaneamente la sala al pubblico.

Altri tentativi di sostituzioni temporanee erano stati fatti anche in passato: per esempio l'inusuale tubo rosso di 176 centimetri dell'opera *Gold, Pink, Red and Red 1/3* era stato momentaneamente rimpiazzato con una lampada bianca rivestita di plastica rossa, rimedio in apparenza soddisfacente ma naturalmente non proponibile come definitivo, in quanto comunque arbitrario rispetto alla creazione originale.

Fallimentare si è rivelata anche l'ipotesi di coinvolgere nella ricerca altre istituzioni nazionali legate all'arte di Flavin: il lavoro esposto al Castello di Rivoli infatti non prevede luci colorate, mentre l'installazione della milanese Chiesa Rossa (unico edificio in Italia interamente illuminato da un'opera dell'artista americano) è stata realizzata in tempi più recenti e quindi utilizzando tubi di dimensioni "moderne"[3].

Più proficui invece i contatti con gli enti americani che per diversi motivi sono coinvolti con l'opera di Dan Flavin. In primo luogo è stato interpellato il Solomon R. Guggenheim Museum di New York, al quale il FAI è legato da un biunivoco rapporto di scambi. Secondo i termini dell'accordo voluto a suo tempo da Giuseppe Panza, infatti, sei opere di Flavin esposte a Biumo sono di proprietà del museo americano, mentre altrettanti lavori dello stesso autore, conservati presso la sede museale di New York, appartengono al Fondo per l'Ambiente. Ulteriori apporti sono stati inoltre forniti sia dal Dia Center for the Arts, l'istituzione responsabile dell'Art Institute di Bridgehampton, dove sono raccolte nove installazioni di Flavin,

sia da Stephen Flavin, il figlio dell'artista che si occupa in prima persona della gestione e dell'archivio delle opere paterne. L'articolato scambio epistolare tra i quattro partner coinvolti nell'impresa ha visto trattare, tra gli altri, anche i temi della temperatura Kelvin, della lunghezza d'onda e della distinzione tra "pastel color" e "primary color" e ha portato infine alla segnalazione della ditta produttrice più indicata per le nostre esigenze. Grazie anche a un viaggio a New York di Giuseppina Caccia Dominioni Panza e al prezioso intervento di Alessandro Panza, si è arrivati quindi al contatto diretto con la Light & Energy Management Group, la manifattura newyorchese in grado di produrre appositamente per noi le lampade delle dimensioni richieste.

Per sfruttare al meglio l'eccezionale occasione, si è voluto riunire in un unico ordine le esigenze della collezione di Biumo con quelle private di Giuseppe Panza e con quelle di altri collezionisti italiani. Il prezzo medio di una lampada oscilla tra i 35 e i 46 dollari, con una punta di 60 dollari per quelle di colore rosso, i cui costi di realizzazione sono particolarmente onerosi. La realizzazione di lampade di questa cromia, inoltre, prevede l'utilizzo di sostanze tossiche (tra cui l'arsenico) non più consentite dalla legge, perciò si è provveduto a ordinarne un quantitativo molto superiore all'immediata necessità allo scopo di assicurarne un'ampia riserva anche per il futuro.

Per quel che riguarda un controllo della qualità dei colori in fase di fabbricazione, abbiamo potuto contare sul competente appoggio dello staff di Stephen Flavin, che ha provveduto anche all'immagazzinamento dei pezzi in apposite casse rivestite di materiale protettivo e alla loro spedizione via mare.

Raggiunto il confine italiano, un imprevisto di natura economica si è presentato al momento del controllo doganale, poiché, contrariamente alle nostre aspettative, le lampade sono state classificate come regolare prodotto industriale e non come opera d'arte, perdendo, sotto tale veste, il diritto alla riduzione del dazio riservata agli oggetti artistici.

Un ultimo contrattempo si è verificato infine a Varese quando, una volta scaricati i colli nel deposito della Villa, è stata rilevata una

[3] Ricordiamo che l'opera *site specific Untitled* (*blu, green, pink, yellow and filtered U.V. fluorescent light*), è stata ideata nel 1996 da Dan Flavin per Santa Maria in Chiesa Rossa, in via Neera 25 a Milano. Per la storia dell'installazione, si rimanda al testo di Laura Mattioli Rossi nel presente catalogo.

Lampada di colore azzurro: quando non è in funzione, il tubo appare bianco. Sull'estremità si possono notare i segni dell'annerimento dovuto alla consunzione / *Blue lamp: when switched off the tube looks white. Note the blackened signs at the extremity, indicating consumption*

[3] The site-specific work *Untitled* (*blue, green, pink, yellow and filtered UV fluorescent light*) was created by Dan Flavin for Santa Maria in Chiesa Rossa (Via Neera 25, Milan). As for the story of the installation please see the essay by Laura Mattioli Rossi in this catalogue.

original work, as its proportions would no longer have been respected.

These fears were shown to have a real foundation when an ultraviolet tube broke in the work *Ultraviolet Fluorescent Light Room*: though it provided the same quality and quantity of light, the new, narrower tube inevitably altered the overall perception of the installation. In the absence of immediate valid alternatives, and with the agreement of Giuseppe Panza, we were obliged to temporarily close the room to the public.

Other attempts at temporary replacements had been made in the past: for example, the unusual red tube 176 centimetres long in the work *Gold, Pink, Red and Red 1/3* had been very briefly replaced with a white tube lined with red plastic. This solution was certainly satisfactory from a visual point of view, but could not be used on a permanent basis as it diverged from the original creation. Nor was any benefit to be had from contacting other Italian institutions linked to Flavin's art: the work exhibited at the Museo d'Arte Contemporanea at the Castello di Rivoli, Turin, did not use coloured lights and the installation in the Chiesa Rossa in Milan (the only building in Italy entirely illuminated with the American artist's work) had been created more recently and used tubes with the 'modern' diameter.[3] However, contacts with the American institutions that, in various ways, were involved with Dan Flavin's work were more fruitful. The first to be consulted was the Solomon R. Guggenheim Museum in New York, with which the FAI exchanges works of art. According to the terms of the agreement originally made with Giuseppe Panza, six of Flavin's works belonging to the American museum are on show at Biumo, while six of his works in the New York museum are the property of the Fondo per l'Ambiente. Further help was provided by the Dia Center for the Arts, which maintains the Dan Flavin Art Institute in Bridgehampton, where there are nine of Flavin's installations, and by Stephen Flavin, the artist's son who now personally takes care of his father's works and archive. The exchange of letters between the

four interested parties also regarded such themes as the temperature in degrees Kelvin, wavelength and the distinction between pastel and primary colours, which together led to the identification of the most suitable manufacturer for our purposes. Thanks to a trip to New York by Giuseppina Caccia Dominioni Panza and the valuable assistance of Alessandro Panza, we managed to make direct contact with the Light & Energy Management Group, a New York firm that was able to produce, expressly for us, the tubes in the sizes required.

So as to get the maximum benefit from this exceptional opportunity, a single order was placed to satisfy both the needs of the Biumo collection and the private ones of Giuseppe Panza and other Italian collectors. The average price of fluorescent tubes ranges between 35 and 46 dollars, reaching a peak of 60 dollars for the red ones, which are particularly costly to manufacture.

Production of tubes of this colour also requires the use of toxic substances (including arsenic) that are no longer permitted by law, so that it was necessary to order a much greater quantity than we needed at the time in order to ensure we had a sizeable stock for the future.

With regard to the quality control of the colours being produced, we were able to count on the expert assistance of Stephen Flavin's staff, who also packed the tubes in special cases lined with protective padding for shipping.

Once they reached the Italian customs, a problem of a financial nature cropped up as, contrary to our expectations, the tubes were classified as normal industrial products rather than art materials, thereby losing the right to the reduction in duty granted on artistic items.

A further difficulty arose in Varese, when a hole was discovered in the side of one of the three cases after they had been unloaded at the Villa Panza. This damage was probably caused by the incorrect use of a fork-lift when the cases were being loaded or unloaded from the ship. Luckily the tubes in them had not

pericolosa perforazione della parete esterna di una delle tre casse, dovuta molto probabilmente a un'errata presa del muletto durante il trasporto navale. Fortunatamente il danno non ha toccato le lampade contenute nelle custodie interne e si è quindi potuto procedere con l'operazione di inventariazione e collaudo: la percentuale del quattro per mille dei pezzi non funzionanti è stata considerata più che accettabile.

Tornando quindi al tema iniziale relativo ai costi di gestione a cui alludeva Marianne Stockebrand nella citazione, non possiamo nascondere che il totale delle spese di quest'operazione, tra produzione, trasporto e tasse, sia stato considerevole e notevolmente superiore a quanto messo a disposizione dall'annuale budget della Villa. Fortunatamente, un importante aiuto finanziario è stato generosamente messo a disposizione dallo sponsor[4], al quale si è affiancato il contributo personale di Giuseppe Panza.

[4] Nell'ambito del progetto, l'Ufficio Marketing del FAI ha ideato un'originale affinità grafica tra una delle installazioni verticali luminose e la sequenza delle aste del codice a barre, invogliando così Indicod, la società produttrice di tali codici, ad aderire alla proposta di sponsorizzazione. A ricordo della proficua collaborazione, il nome della ditta è stato inserito in un cartello di ringraziamento posto all'inizio del percorso espositivo.

been damaged, so we could continue with the task of inventorying and testing them: the proportion of four defective tubes per thousand was considered quite acceptable. Returning to the initial question of maintenance costs alluded to in the quotation from Marianne Stockebrand's lecture, we cannot hide the fact that the total cost of this operation—production, transport and customs duty—was considerable and was much greater than the sum set aside for the purpose in the Villa Panza's annual budget. Fortunately, a large financial contribution was generously made by our sponsor,[4] together with a donation from Giuseppe Panza.

[4] In relation to this project, the FAI's Marketing Office produced an innovative graphical resemblance between one of the vertical light installations and the sequence of bars in a barcode, thereby tempting Indicod, the company that produces these codes, to become a sponsor. In recognition of the company's contribution, the name Indicod has been inserted in an acknowledgment notice at the start of our displays.

Laura Mattioli Rossi

Pagine di diario

Pages from a Diary

Untitled, 1997
Luce fluorescente blu, rosa, gialla
e ultravioletta / *Blue, pink, yellow
and ultraviolet fluorescent light*
Realizzazione *site-specific /
Site-specific installation*
Santa Maria Annunciata in Chiesa
Rossa, Milano
Donazione Fondazione Prada, Milano /
Gift of Prada Foundation, Milan
Courtesy Fondazione Prada, Milano
Foto Paolo Bobba

Milano, marzo 1976 (?): Vado per la prima volta a Villa Panza a Biumo (Varese) con mio suocero Mario Rossi. Mi sono sposata da un anno e mezzo e mi sono laureata da poco in storia dell'arte a Milano. Mio suocero vive a Varese e conosce da sempre la famiglia Panza. È un noto restauratore e deve fare un sopralluogo per controllare lo stato di conservazione di un'opera antica. Anche mio marito Gianni fa il restauratore e lavora con suo padre. Giuseppe Panza non è a Varese e ci accompagna il custode, Angioletto, uomo di fiducia del conte che cura amorevolmente la proprietà e accoglie gli appassionati d'arte contemporanea che vengono a vedere la collezione.
Visitiamo per primo l'appartamento al piano nobile. Vediamo *Wall Drawing no. 265* di Sol Lewitt, i dipinti scuri di Bob Law, l'installazione di Bruce Naumann *Pink and Yellow Light Corridor*, i lavori di Joseph Kosuth e Robert Ryman. Altre opere si trovano al piano terreno: una scultura di Robert Morris nella Scuderia Grande e nelle altre scuderie *Galvanized Iron Wall* di Donald Judd, *Diagonal Sound Wall* di Bruce Naumann, *Belts* di Richard Serra, *The Nominal Three (To William of Ockham)* di Dan Flavin. Quest'opera mi colpisce per la sua purezza essenziale e misteriosa, evidentemente simbolica, ma non ne colgo il significato per la mia ignoranza della filosofia del teologo inglese. In un altro locale al piano terra dei rustici mi emoziona la scultura di Jene Highstein, un lungo tubo in ferro che attraversa la stanza da una parte all'altra ad altezza d'uomo, *Untitled* del 1974.
Frequento abitualmente alcune gallerie d'arte contemporanea a Milano ed ho una informazione sostanzialmente italiana, locale. Non conosco le gallerie di Sperone né di

Milan, March 1976 (?): I am going for the first time to the Villa Panza in Biumo, a suburb of Varese, with my father-in-law, Mario Rossi. I married a year ago and recently graduated in art history from the University of Milan. My father-in-law lives in Varese and is a long-standing friend of the Panza family. He's a well-known restorer and has been required to give an opinion on the state of preservation of an old artwork. My husband, Gianni, is also a restorer, and works with his father. Giuseppe Panza is not at home and we are taken round the villa by the caretaker, Angioletto, the count's right-hand man, who looks after the estate and welcomes the lovers of contemporary art coming to see the collection. We first visit the apartment on the *piano nobile*, where we see *Wall Drawing no. 265* by Sol LeWitt, dark paintings by Bob Law, an installation by Bruce Nauman (*Pink and Yellow Light Corridor*) and works by Joseph Kosuth and Robert Ryman. Other works are displayed on the ground floor: a sculpture by Robert Morris in the Scuderia Grande (large stables) while, in the other stables, we see Donald Judd's *Galvanized Iron Wall*, Bruce Nauman's *Diagonal Sound Wall*, Richard Serra's *Belts* and Dan Flavin's *The Nominal Three (To William of Ockham)*. I'm very impressed by this work—by its simple yet mysterious purity, which is obviously symbolic—but I don't understand its meaning as I know nothing about the philosophy of the English theologian. In another area of the Rustici (service wing), on the ground floor, I'm thrilled by a sculpture by Jene Highstein (*Untitled,* 1974), which consists of a long iron tube crossing the room from one side to the other at eye-level. I often visit the modern art galleries in Milan

Santa Maria Annunciata in Chiesa Rossa
è una chiesa parrocchiale regolarmente
officiata. Nei giorni feriali l'installazione
di Dan Flavin è accesa dalle 7 alle 9
e dalle 16 alle 19. Le domeniche e altre
festività cattoliche si consiglia di
telefonare per informazioni.
È comunque sempre possibile richiedere
che l'installazione venga accesa anche
in orari diversi da quelli indicati.
Santa Maria Annunciata in Chiesa Rossa
si trova a Milano, in Via Neera 24,
tel. 02 89500817, www.smacr.com

Salvatore Ala, ma la storica galleria Il Milione, L'Uomo e l'Arte in Via Brera, la Galleria Marconi di fama crescente. Praticamente nulla dell'arte americana contemporanea è noto in Italia al di fuori di una cerchia molto ristretta di specialisti. Di fronte alla serie di capolavori di Villa Panza rimango sbigottita e rifletto soprattutto sulla loro dimensione spaziale: non si tratta di quadri o sculture nel senso tradizionale del termine, quali ero abituata a vedere in casa di mio padre. Sono installazioni che esigono uno spazio proprio che occupano interamente e in cui non si può vivere come si vive in una casa qualsiasi. Io abito in un bilocale di 37 metri quadrati. La mia non è una casa di vacanza, è tutto lo spazio di cui dispongo per vivere con mio marito e per lavorare. La mia casa è grande come una delle stanze che occupa ciascuna di quelle installazioni. Non mi ritengo una persona particolarmente sfortunata. La maggior parte degli abitanti di Milano ha problemi di spazio analoghi ai miei. Sono anni in cui temi sociali come quello della casa sono molto sentiti e si susseguono le occupazioni di vecchi stabili. Mi chiedo quanto quest'arte — che occupa grandi spazi — non sia lontana dalla realtà della gente, dal tessuto sociale del paese, ancor prima che dalla sua cultura. Mi chiedo a chi possa parlare questa limpida e pura bellezza, quando tutti noi viviamo in un mondo del tutto diverso.

Rifletto a lungo, nella mia piccolissima casa. Queste opere non sono per me. Sono un sogno possibile per qualcun altro.

Capisco che esse non nascono per una dimensione domestica, privata, per una fruizione ristretta di un gruppo di amici, come quella con cui ho convissuto per tutta la mia adolescenza in casa di mio padre e neanche come *status symbol* nelle case dei personaggi in vista o nelle vetrine del vivacissimo mercato milanese degli anni settanta.

Questa arte nuova nasce con una dimensione museale, con una vocazione pubblica, con le grandi dimensioni urbanistiche e paesaggistiche di cui ho fatto esperienza nei miei brevi viaggi negli Stati Uniti. Nasce per offrire all'uomo uno spazio diverso da quello quotidiano — domestico, lavorativo o naturale — dove egli possa ritrovare se stesso attraverso le sensazioni fisiche indotte

dall'opera in una dimensione più libera, meno gravata da costrizioni e condizionamenti. Una dimensione propriamente spirituale, come nelle cattedrali antiche.

Milano, 14 febbraio 1993, domenica:

Abbiamo passato la domenica a Varese dai miei suoceri con i nostri figli, Giovannibattista di tredici anni e Giacomo di dieci. Abbiamo approfittato di essere a Varese per accompagnare Gianni a esaminare lo stato di conservazione di un dipinto di Robert Ryman a Villa Panza. È la prima volta che ritorno alla villa dopo molti anni. Le opere di James Turrell, Robert Irwin, Maria Nordman, Dan Flavin mi lasciano senza fiato.

Turrell trasfigura l'ambiente togliendo gli abituali riferimenti tridimensionali e utilizzando la luce, sia naturale che artificiale, in modo da purificare l'esperienza dello spazio da parte dello spettatore, da creare una dimensione di purezza assoluta che ci permette di guardare il cielo sopra di noi come se fosse la prima volta, di percepirne i mutamenti di colore con stupore infantile, di ritrovare così l'animo semplice e sognatore della nostra infanzia.

Maria Nordman al contrario ci immerge nell'oscurità più profonda, ci toglie la luce del giorno e con essa la percezione del luogo, la sicurezza in noi stessi; ci fa rivivere il fantasma della paura del buio, della solitudine, dell'abbandono, della disperazione. Ma, rimanendo nella sua stanza buia, si intravede poco a poco una lama sottile di luce che ricrea lentamente lo spazio, ci fa percepire una dimensione più ampia che prima ci era sconosciuta, ci indica infine la via di uscita perché possiamo ritornare all'esterno e incontrare di nuovo la realtà consueta come dopo una catarsi.

Dan Flavin utilizza solo lampade fluorescenti, collocate su semplici supporti bianchi in metallo fissati a muro. A volte le lampade sono in vista, all'esterno del supporto, altre volte sono poste all'interno del supporto stesso, che rimane a sua volta l'unico elemento in vista, in modo che venga percepito solo il riflesso della luce. Caratteristica fondamentale di tutte le opere di Flavin è che la parte strettamente tecnica ed elettrica rimane nascosta: non si vedono fili,

and have a basic knowledge of art, limited to the local scene. Rather than the Sperone or Salvatore Ala galleries, dealing with the latest trends in contemporary art, I'm familiar with the historic Galleria il Milione, L'Uomo e l'Arte in Via Brera and the increasingly well-known Galleria Marconi. Except for a small group of specialists, very few people in Italy know anything about contemporary American art. I am astonished to see the masterpieces at the Villa Panza and I reflect on their size: these are not the traditional paintings or sculptures I was used to seeing in my father's house. These are installations requiring their own space and entirely filling it, so you can't possibly fit them into an ordinary house. I live in a two-room flat with a floor-space of 37 square meters. It's not a holiday home—it's all the space my husband and I have to live and work in. My whole house is just the size of one of the rooms occupied by each of those installations. I don't regard myself as particularly unlucky; anyhow, most people in Milan live in similarly cramped conditions. This is a period in which social issues, such as that of housing, are getting more and more serious and squatting is becoming increasingly common.

I can't help wondering whether this art—requiring these large spaces—is remote from ordinary people's everyday lives, from the fabric of society in this country, if not from its culture. I also wonder for whom this stark, pure beauty might be intended, when we all live in such a different world. In my very small flat, I turn this thought over in my mind. These artworks are not for me: they are a dream that will come true for somebody else. I understand they are not created for the private, domestic scale, for the limited enjoyment of a group of friends, like the works I saw in my youth, in my father's house. Nor can they be mere status symbols in the homes of important personages or in the very active Milanese art galleries of the 1970s. This new art is created for museums: it has a public vocation; it's in harmony with the scale of the cities and rural landscapes I have seen in my short visits to the United States. It's created with the aim of offering people a space unlike their everyday environment—whether this is in the home, at

work or out of doors. It provides a space where man can feel at ease again through the physical feelings induced by the artwork, in a freer dimension, less burdened by restraints and conditions. It offers a real spiritual dimension, as in the ancient cathedrals.

Milan, Sunday 14 February 1993: We spend Sunday in Varese, visiting my parents-in-law with our children, Giovannibattista who is thirteen and Giacomo, who is ten. We take advantage of the fact that we're in Varese to accompany Gianni to assess the state of preservation of a painting by Robert Ryman at the Villa Panza. This is the first time I've been back to the villa for many years. The works by James Turrell, Robert Irwin, Maria Nordman and Dan Flavin are breathtaking.

Turrell transfigures the environment, removing the usual three-dimensional features and using light, both natural and artificial, thus purifying the viewer's spatial experience and creating a dimension of absolute purity. This allows us to look at the sky above as if for the first time, to see, with a child's wonder, the colours change and to perceive, once again, the simple, dreamy spirit of our childhood.

Maria Nordman, on the contrary, plunges us into pitch darkness, taking away daylight and, with it, our spatial perception and our self-assurance. We again experience our fear of the dark, of solitude, of abandonment and of desperation. However, if we stay a little longer in her dark room, we gradually catch a glimpse of a thin strip of light that slowly recreates the space, and we perceive a broader, previously unknown, dimension. Finally the light indicates the way out, allowing us to emerge once again into everyday reality, as one does after catharsis.

Dan Flavin only uses fluorescent lamps, mounted on simple white metal holders fastened to the wall. Sometimes the lamps are mounted on the outside of the holder, or inside the holder, which is then the only visible element, so that only the reflection of the light is perceived. An essential characteristic of Flavin's works is that the technical and electrical aspects are entirely hidden: you never see wires, transformers, sockets, screws

Santa Maria Annunciata in Chiesa Rossa is a parish church where services are held regularly. On weekdays Dan Flavin's installation is turned on from 7 to 9 am and from 4 to 7 pm. On Sunday and other Catholic holidays you are advised to phone for information.
It is, however, always possible to ask for the installation to be turned on at times other than those given above.
Santa Maria Annunciata in Chiesa Rossa is located in Milan, at Via Neera 24, tel. 02 89500817, www.smacr.com

trasformatori, prese di corrente, viti di fissaggio o altro. In questo modo ogni aspetto concretamente fattuale viene occultato e rimosso, sia dalla percezione dello spettatore che dalla ideazione dell'opera. Le lampade fluorescenti diventano pure linee luminose tracciate nello spazio, quasi fossero segni essenziali che indicano direzioni e si raggruppano in composizioni che sperimentano sistematicamente diverse variazioni modulari e cromatiche.

La tridimensionalità dell'ambiente viene sostanzialmente modificata dal segno grafico di queste linee luminose. Esse possono sottolineare un percorso lungo il perimetro della stanza, creare degli elementi di colore che si riflettono sulle pareti con effetti inaspettati di contrasto, annullare la percezione fisica dello spazio dell'angolo della stanza per aprirlo verso una dimensione indefinita, misteriosa, sostanzialmente trascendentale. Non a caso il riferimento esplicito di Flavin per le sue opere d'angolo è alle icone russe, in cui le candele votive poste di fronte alle icone dorate su altaroli angolari crea effetti luminosi di analogo estraniamento percettivo.

La purezza minimalista delle forme geometriche si arricchisce di forza espressiva grazie al colore e alle sue valenze emotive. Significati concettuali, ma anche dichiaratamente affettivi, si rivelano nei titoli che rimandano sempre a persone reali: amici, artisti vissuti come maestri, fino a tutti i morti, sconosciuti e anonimi, di ambo le parti, che perirono in battaglia in Vietnam quel giorno, in quello stesso luogo, in cui morì l'amato fratello gemello di Dan.

Il fatto che le linee luminose siano costituite da lampade di uso quotidiano, di produzione industriale, non solo senza alcuna pretesa artistica, ma neanche di design o di nobiltà architettonica, ne accentua il distacco dal concetto artistico corrente di manufatto di pregio – e di conseguenza anche dalle leggi del mercato. Gli stessi progetti di Flavin non sono che semplici fogli a quadretti di quaderno, poveri e funzionali, con poche righe tracciate con matite colorate. Se – come ha sottolineato l'artista stesso – le sue lampade fluorescenti hanno una durata limitata nel tempo, sono condannate a spegnersi dopo un prevedibile numero di ore o (come è avvenuto poi e come

spiega in modo esauriente con un testo pubblicato in questo catalogo Lucia Borromeo) finiscono in poco tempo fuori produzione, sostituite da altri modelli tecnicamente diversi e più aggiornati, proprio questa loro durata limitata allude metaforicamente al dramma della caducità umana, del *panta rei* che travolge ogni cosa, alla bellezza stessa che – come una rosa – dura solo un mattino.

L'arte vorrebbe dire parole eterne, creare forme assolute nel tempo e nello spazio, ma non ne ha i mezzi: la sua aspirazione profonda è destinata a fallire proprio perché è opera della mente e della mano dell'uomo, di un essere che può guardare verso l'infinito, ma che non lo potrà mai raggiungere. L'arte rimane cosa umana, legata come l'uomo a un concreto destino di morte.

Anche i miei figli sono rimasti entusiasti di quanto hanno visto a Villa Panza. Hanno scoperto un'arte totalmente nuova per loro. Giacomo, in particolare, è interessatissimo. Ritornando a casa, sentenzia serio: "Voglio l'arte del mio tempo, non l'arte di mio nonno". Insegno a Bergamo all'Accademia Carrara di Pittura dal novembre del 1992. Progetto di portare gli studenti a vedere l'arte contemporanea collezionata da Giuseppe Panza, che in Italia viene spesso bollata come "arte straniera e capitalista", considerata con sospetto dagli intellettuali locali perché non fa denuncia sociale e non è "politicamente corretta". Dunque è ancora poco nota.

Milano, 24 febbraio 1993, mercoledì:
A Bergamo ho sostituito la mia solita lezione di Storia della critica d'arte con una introduzione storica alla collezione Panza, in modo che gli studenti siano preparati a quanto vedranno.

Milano, 8 marzo 1993, lunedì: Giuseppe Panza è venuto in Accademia a Bergamo per parlare di arte contemporanea. L'incontro con gli studenti è stato di grande interesse per tutti ed è durato dalle 15 alle 18. Alla fine Giuseppe era senza voce. Io ero molto emozionata perché Giuseppe mi ricorda mio padre, con una passione che non tiene conto dei valori economici o dei giudizi altrui, ma segue solo il proprio istinto. Anche se è un ottimo

and so on. All these features are hidden, both from the viewer's sight and from the design of the work. Fluorescent lamps become pure bright lines drawn in space, almost as if they were pure signs indicating directions and grouped in compositions that systematically experiment with different modular and colour variations.

The three-dimensionality of the space is substantially modified by the graphic sign of these lines of light. These may draw attention to a path along the edge of the room, create colour elements that are reflected on the walls and cause unexpected contrasts, and eliminate the physical perception of the space in the corner of the room, opening it up towards an indefinite, mysterious, essentially transcendental dimension. Not by chance, in his corner works, Flavin explicitly referred to the Russian icons, where the candles placed in front of the golden icons on corner altars create light effects, producing similar estrangement of perception.

The Minimalist purity of geometric shapes is enriched with expressive force thanks to the colour and its emotional values. Conceptual, or explicitly affective meanings, are revealed by the titles, which always refer to real people, from friends and artists, considered as the artist's mentors, to all the dead, unknown and anonymous, who perished on both sides on the same day in the same Vietnamese location where Dan's beloved twin brother died.

The fact that these lines of light are made with commercially available fluorescent tubes, not only devoid of any artistic quality, but lacking any design or architectural attributes, emphasizes the distance from the current artistic notion of a valuable artefact—and, consequently, also from the rules of the market. Even Flavin's designs are ordinary squared paper sheets, simple and practical, with a few lines drawn with coloured pencils. As the artist himself remarked, the duration of his fluorescent tubes is limited in time and the lamps will inevitably burn out after a predictable number of hours (it has already happened, as is exhaustively explained by Lucia Borromeo in an essay published in this catalogue) or they soon go out of production and are replaced by technically different and updated versions. Such limited duration metaphorically alludes to the drama of human impermanence, of the passage of time that sweeps everything away and to beauty itself that, like a rose, only lasts one morning.

Art would wish to leave eternal thoughts, create absolute shapes in time and space, but it lacks the necessary instruments: its deep aspiration is condemned to failure precisely because it is produced by the mind and hand of man, a being who may look towards the infinite but will never reach it. Art is a human thing and is destined, as man is, to come to an end.

My children are enthusiastic about what they see at the Villa Panza. They have discovered what, for them, is an entirely new form of art. Giacomo, in particular, is very interested. While going back home he says very seriously: 'I want the art of my time, not that of my grandfather'.

Since November 1962 I am a teacher at the art school attached to the Accademia Carrara in Bergamo. I am planning to take the students to see Giuseppe Panza's contemporary art collection, which is often condemned in Italy as 'foreign and capitalist' and is regarded with suspicion by the local intellectuals because it makes no statement about social issues and isn't politically correct. Its fame is, therefore, still limited.

Milan, Wednesday 24 February 1993: In my school in Bergamo I replace my usual lesson on the history of art criticism with a historical introduction to the Panza Collection, so the students will be well-prepared when they see it.

Milan, Monday 8 March 1993: Giuseppe Panza comes to the Accademia to talk about contemporary art. The encounter with the students is very interesting and lasts from 3 to 6 p.m. In the end Giuseppe is voiceless. I am very moved as Giuseppe reminds me of my father, with a passion that allows him to ignore the financial value of the works and the opinions of others, and to follow only his own instincts. Though he's an excellent

comunicatore perché mette innanzitutto il cuore in quello che dice, i suoi strumenti di lettura critica sono semplici e poco articolati. È evidente che c'è una grande concretezza in lui e le parole vengono dopo il momento dell'esperienza artistica, spiegando solo in modo sintetico e parziale quello che lui ha intuito. Abbiamo registrato il dibattito. La mia collega che insegna Storia dell'arte, Rossana Sacchi – che di arte moderna non si è mai occupata – è così interessata che si è offerta di sbobinare e di trascrivere il lungo discorso di Panza.

Milano, 10 marzo 1993, mercoledì: Oggi sono stata a Villa Panza con gli studenti e alcuni professori dell'Accademia. Per loro è stata un'esperienza indimenticabile. Hanno finalmente scoperto un'arte contemporanea credibile, vera, a cui si può anche attribuire l'aggettivo "bella", quando credevano che la bellezza e l'arte di oggi avessero divorziato per sempre.
Una studentessa mi ha chiesto di fare la sua tesi di fine corso su Flavin. L'ho sconsigliata. In Italia non esistono altre opere di questo artista che lei possa vedere e soprattutto non esistono libri su di lui.

Milano, 11 novembre 1994, venerdì:
Giacomo si è appassionato moltissimo di arte contemporanea. Ha studiato e annotato tutti i libri sulla Collezione Panza che ha potuto trovare. Poiché in casa nostra ci sono solo le opere della collezione storica di suo nonno, si è messo a copiare e a tentare di rifare a modo suo le opere che ama maggiormente. Gianni e io lo vediamo animato da un tale sacro furore che abbiamo deciso di regalargli un'opera di un artista americano per Natale.

Francoforte, 17 giugno 1995, sabato:
Sono qui con Gianni per visitare la mostra "Okkultismus und Avantgarde. Von Munch bis Mondrian 1900-1915", a cui ho concesso in prestito il dipinto *Solidità della nebbia* di Luigi Russolo, appartenente alla collezione di mio padre di cui ora mi occupo personalmente. Ieri abbiamo visitato la mostra, ospitata nella nuovissima Schirn-Kunsthalle. Oggi abbiamo girato un po' per la città, letteralmente tappezzata dai manifesti con il dipinto di Russolo, e poi ci siamo infilati nel Städelsches Kunstinstitut und Städtische Galerie, che inizia con i primitivi fiamminghi e prosegue fino alle avanguardie storiche per concludersi con una nuova ala di vaste dimensioni che ospita una installazione *site specific* di Flavin, con una ammirevole fiducia nella continuità della Storia dell'arte.
Mentre davanti alla celebre *Madonna della Chiesa* di Jan van Eyck si accalca una piccola folla, a cui una guida offre una spiegazione a quanto pare assai interessante, le due sale occupate dall'installazione di Flavin sono completamente deserte. L'opera di Flavin consiste in due locali contigui, di cui il primo ha funzione di atrio nei confronti del secondo. Il colore della luce muta radicalmente passando da un locale all'altro, sia per le interferenze cromatiche che si vengono a creare, sia perché l'occhio dello spettatore percepisce diversamente i colori a seconda che si trovi in un ambiente a luce calda o fredda. Il locale più ampio è scandito da pilastri e a ciascuno di essi corrisponde un colore primario, così che lo spettatore che attraversa la sala ha l'impressione di nuotare in un arcobaleno. Siamo rimasti a godere di questo spettacolo fino all'ora di chiusura.
Mi colpisce sempre il pubblico relativamente numeroso che va a vedere opere antiche famose, credendo di capirle solo perché ne riconosce in modo generico il soggetto. Durante le ore trascorse nell'installazione di Flavin mi continuo a chiedere perché in altre parti del museo ci sia comunque del pubblico e lì proprio nessuno. Come si può fare perché la gente sia indotta a vivere abitualmente con l'arte contemporanea, con quella vera, non con quegli orrori che i politici definiscono arredo urbano? Sono sicura che tutti vivrebbero bene dentro un'opera di Flavin, con naturalezza, senza bisogno di tante spiegazioni.
Da circa un anno la mia famiglia frequenta una parrocchia nella periferia sud di Milano, retta da un parroco – don Giulio Greco – che Gianni e io abbiamo conosciuto a Varese come teologo di grande valore. La chiesa si chiama Santa Maria Annunciata in Chiesa Rossa (denominazione abbreviata comunemente in Chiesa Rossa), è un edificio costruito dall'architetto Giovanni Muzio

communicator who speaks from the heart, his critical approach is very simple. He is obviously a very practical man and his direct experience of art is more important for him than his words, which explain his intuitions concisely, but only partially. We record the discussion.

My colleague Rossana Sacchi, who teaches art history and has never had any contact with modern art, is so fascinated that she offers to transcribe Panza's long lecture from the tape.

Milan, Wednesday 10 March 1993: Today I've been to the Villa Panza with the students and some teachers from the school. They've had an unforgettable experience: they've finally discovered credible contemporary art, which also deserves to be described as beautiful, after being convinced that beauty and contemporary art have nothing to do with each other.

A girl asked me if she could write her end-of-course dissertation on Flavin, but I advised her against it. In Italy there are no other works by Flavin and, above all, no books are available on this artist.

Milan, Friday 11 November 1994: Giacomo has become very keen on contemporary art and has studied and annotated all the books on the Panza Collection that he can find. As the only works in our house are those in his grandfather's collection, the boy is trying to copy and reproduce in his own way the ones he loves best. He is so carried away by his newfound fervour that Gianni and I have decided to give him a work by an American artist for Christmas.

Frankfurt, Saturday 17 June 1995: I am in Frankfurt with Gianni to see the exhibition 'Okkultismus und Avantgarde von Munch bis Mondrian 1900-1915' to which I have lent the painting *Solidità della nebbia* (*Solidity in the Fog*) by Luigi Russolo, belonging to my father's collection and now in my personal care. Yesterday we visited the exhibition, which is being held at the new Schirn-Kunsthalle. Today we've visited the town, which is plastered with posters representing the Russolo painting, then we've been to the Städelsches

Kunstinstitut und Städtische Galerie, where the collection starts with early Netherlandish works, continues up to the twentieth-century avant-garde movements and ends in a very large new wing, containing a site-specific installation by Flavin, something that shows admirable confidence in the continuity of art history.

While, in front of the Jan van Eyck's famous *Virgin and Child* there's a small crowd listening to a guide, who seems to be giving an interesting explanation of the painting, the two rooms devoted to the Flavin installation are empty. Flavin's work consists of two adjacent rooms, the first of which serves as an entrance to the second. The colour of the light changes radically as you go from one room to the other, both due to the interference between the colours that's created and because the viewer's eye has a different perception of colour depending on whether the light in the room is warm or cold. In the largest room there are several pillars, each corresponding to a primary colour, so that the viewer crossing the room has the impression of swimming in a rainbow. We remained to enjoy this experience until closing time.

I'm always impressed by the number of people who go to see works of art from the past, thinking they understand them just because they can identify the subject, at least in a general sort of way. During the time we spend inside the Flavin installation I keep wondering why the other sections of the museum attract people while nobody comes here. What can be done to induce people to get used to living with contemporary art—genuine contemporary art, not those horrors called street furniture by politicians? I'm sure everybody would be happy to live with a Flavin installation, in a natural manner, without the need for too many explanations.

For about a year my family has been attending a parish church in the southern outskirts of Milan, where the priest in charge is Father Giulio Greco, a brilliant theologian whom Gianni and I met in Varese. Called Santa Maria Annunciata in Chiesa Rossa (normally shortened to Chiesa Rossa) and built by the architect Giovanni Muzio in 1932, the church, in its current state,

nel 1932 e, nello stato attuale, è di una bruttezza tremenda. La monumentale volta a botte gettata sulla navata principale, derivata come la facciata dal modello albertiano di Sant'Andrea di Mantova, è appesantita da un colore rosso mattone che dovrebbe richiamarsi al pavimento in piastrelle industriali. Malgrado il bel battistero con un *San Giovanni Battista* del primo periodo di Giacomo Manzù, il resto fa pena, dall'altare in marmo grigio e forme cimiteriali dedicato alla Madonna negli anni cinquanta (soprannominato "il necrologio della Madonna"), alle pale d'altare in finto stile antico, fino ai dipinti sulle pareti dell'abside realizzati dalla Scuola milanese di arte sacra "Beato Angelico" alla metà degli anni cinquanta. Questi ultimi raffigurano una teoria verticale di Santi e Sante che affianca la più tarda e meno felice replica che io conosca della famosa *Assunta* della Cappella Portinari in Sant'Eustorgio di Milano.

L'interno della chiesa fa stringere il cuore a don Giulio e ai suoi collaboratori ma anche a me e a Gianni. Si dà il caso infatti che mio marito stia restaurando dal 1990 gli affreschi di Vincenzo Foppa nella Cappella Portinari e che io segua il suo lavoro per scrivere un libro sulle novità emerse dal restauro. Ogni domenica il confronto tra le due raffigurazioni dell'Assunta, quella quattrocentesca e quella moderna, non potrebbe essere più deprimente.

Abbiamo già pensato che si potrebbe fare un intervento moderno per migliorare l'interno della chiesa, ma fino a oggi ci è sembrato che nessun artista possa risolvere una situazione così compromessa e che i costi di una operazione di "restyling" siano assolutamente esorbitanti per le esauste casse di una parrocchia di periferia.

Improvvisamente l'installazione di Francoforte mi fa balenare l'idea che Flavin potrebbe trasformare completamente la chiesa con una installazione di lampade fluorescenti, il cui costo non dovrebbe essere proibitivo. Lo dico subito a Gianni. Il suo commento a caldo è negativo.

Sono anni che rifletto tra me e me sul senso della mia vita in rapporto a quella dei miei figli. Tutti e due sono nati sani e intelligenti per miracolo: il primo – Giovannibattista – malgrado io avessi avuto in gravidanza una delle malattie che danno le peggiori malformazioni, il secondo dopo tre interventi chirurgici in due giorni. L'ho chiamato Giacomo Francesco Maria, con il nome della Vergine che le donne milanesi davano anche ai loro figli maschi dopo la peste manzoniana. Sento che questi due figli hanno un destino personalissimo davanti a loro. Ma mi sento anche una cretina che farnetica, come tutte le madri che stravedono per i loro figli. Questi pensieri mi assillano da tempo e non riesco a fare chiarezza dentro di me. Chiedo a Dio, a questo "Dio nascosto", di darmi un segno che mi rassicuri sul suo progetto, così difficile per me da accettare. Chiedo che questo segno sia l'opera di Flavin alla Chiesa Rossa. Da parte mia mi impegno a fare fin in fondo la mia parte perché ciò che deve avvenire, si compia.

Milano, 18 giugno 1995, domenica: Appena arrivati a Milano da Francoforte siamo andati alla messa domenicale in Chiesa Rossa. Mi sono soffermata a lungo a guardare l'architettura di Muzio e a pensare se un'opera di Flavin sarebbe adatta a quello spazio.

Milano, 19 giugno1995, lunedì: Ho telefonato a Giuseppe Panza per chiedergli quanto costa un'opera di Flavin. Mi ha risposto che purtroppo le sue valutazioni sono ancora basse e si aggirano sui 50.000 dollari. Non è una cifra astronomica. Si può continuare.

Milano, 25 giugno 1995, domenica: Siamo andati alla solita messa festiva e mi sono fermata a parlare con don Giulio. Gli ho detto che ho in mente un artista che potrebbe trasformare completamente la chiesa, un grande artista americano. Don Giulio si dimostra molto accogliente e non mi dice subito di no. Da quando frequentiamo la Chiesa Rossa, quasi ogni domenica don Giulio tuona dal pulpito contro "l'americanismo", sinonimo per lui di consumismo, di atteggiamenti borghesi e qualunquisti. Non è mai stato negli Stati Uniti. Per ironia della sorte, la sua chiesa sarà trasformata proprio da un artista newyorchese. Parlo anche con don Pierluigi Lia, teologo che insegna all'Università Cattolica ed è residente in parrocchia. Sta per partire per un viaggio di studio in Germania e gli raccomando di recarsi a Francoforte a vedere l'opera di Flavin.

is dreadfully ugly. The monumental barrel vault surmounting the nave, modelled, like the façade, on Leon Battista Alberti's church of Sant'Andrea in Mantua, is made even duller by the brick-red colour, which is supposed to match the tiled floor. Despite the attractive baptistery decorated with *St John the Baptist*, an early work by Giacomo Manzù, the rest of the church is terrible, from the rather funereal grey marble altar dating from the 1950s and dedicated to the Virgin Mary (it's known as 'the Virgin's obituary'), to the imitation antique altarpieces and the apse paintings by students of the Scuola Beato Angelico dating from around the middle of the 1950s (the Scuola Beato Angelico is a Catholic school in Milan where the techniques of sacred art are taught). These paintings depict a vertical procession of saints, flanking the later and, in my opinion, less successful copy of Vincenzo Foppa's celebrated *Our Lady of the Assumption*, in the Cappella Portinari, in the church of Sant'Eustorgio, Milan.

The interior of the church not only wrenches Father Giulio's heart but it also distresses his assistants, as well as Gianni and me. It so happens that since 1990 my husband has been working on the conservation of Vincenzo Foppa's frescoes in the Cappella Portinari and that I am monitoring his work in order to write a book on the new information about the work this reveals. Every Sunday, when I see the modern version of *Our Lady of the Assumption*, I can't help being aware of the contrast with the fifteenth-century original, which is rather depressing.

We have been thinking that some modern intervention might be possible to improve the church's interior, but so far it seems that no artist would be capable of finding a solution to its disastrous situation and, in any case, the cost of the refurbishing would be exorbitant for an impecunious suburban parish. Suddenly the Frankfurt installation flashes through my mind and I have the idea that Flavin could completely transform the church with a fluorescent light installation, which shouldn't be excessively expensive. I immediately tell Gianni about this, but his reply isn't at all encouraging.

I have been meditating for several years on the meaning of my life in relation to that of my children. They were both miraculously born healthy and intelligent: the first, Giovannibattista, notwithstanding a pregnancy afflicted by a disease that causes the worst malformations, the second after three operations in two days. I called him Giacomo Francesco Maria, adding the name of the Virgin, according to the custom of the Milanese women, who called their sons thus after the plague described by Alessandro Manzoni in his famous novel *I Promessi Sposi*. I feel that these two boys have a special destiny and, of course, I also feel quite foolish, like any mother doting on her children. These thoughts have been tormenting me for a while and I cannot sort them out. I ask God—this 'hidden God'—to give me a sign and reassure me about his design, which I find so difficult to accept. I ask this sign to be a work by Flavin for the Chiesa Rossa. As far as I am concerned, I commit myself to doing everything possible to allow this task to be accomplished, if this is at all possible.

Milan, Sunday 18 June 1995: As soon as we arrive in Milan from Frankfurt we go to Mass at the Chiesa Rossa. I pause for a long time looking at Muzio's building, trying to imagine whether an installation by Flavin would suit this space.

Milan, Monday 19 June, 1995: I call Giuseppe Panza and ask him what the cost of an installation by Flavin might be. He answers that, unfortunately, the valuation of the artist's works is still low, around 50,000 dollars. It isn't such a huge sum: we can go ahead.

Milan, Sunday 25 June 1995: We go to Mass as usual and I pause to talk to Father Giulio. I tell him I'm thinking of an artist who could completely transform the church, a famous American artist. Father Giulio listens to me very kindly and doesn't immediately say no. Since we've been going to the Chiesa Rossa, nearly every Sunday Father Giulio thunders from the pulpit against the 'Americanism' that, in his mind, is synonymous with consumerism

Milano, 10 settembre 1995, domenica:
Siamo stati a messa alla Chiesa Rossa e ho parlato con don Lia che, ritornato da Francoforte, è entusiasta di Flavin. A questo punto don Giulio desidera vedere di persona delle opere dell'artista minimalista. Lo invito a organizzare una visita a Villa Panza.

Milano, 14 settembre 1995, giovedì: Viene in casa mia a visitare la collezione di mio padre un gruppo di persone legate alla Solomon R. Guggenheim Foundation, accompagnate da Philip Rylands, direttore della Peggy Guggenheim Collection di Venezia. Dipenderà sostanzialmente da loro il deposito della Collezione Mattioli a Venezia, presso la Peggy Guggenheim Collection. Vengono anche Giuseppe e Giovanna Panza per aiutarmi a intrattenere gli ospiti. Colgo l'occasione per sottoporre a Giuseppe il progetto di rinnovare l'interno della Chiesa Rossa con un'opera di Flavin.

New York, 25 ottobre 1995, mercoledì:
Sono a New York da ieri con Gianni e mio figlio Giacomo per vedere arte contemporanea con Giuseppe Panza, sua moglie e la loro secondogenita Giuseppina. Visitiamo sistematicamente gallerie, musei e studi di artisti dalle 10 del mattino alle 5 del pomeriggio. Oggi abbiamo visitato la mostra di Dan Flavin che il Guggenheim Museum ha allestito nella sua sede a SoHo. Non avevo mai visto tante opere insieme di questo artista. Sono assolutamente entusiasta, anche se Giuseppe Panza non è del tutto soddisfatto dell'allestimento. Molte delle opere esposte provengono dalla sua collezione e sono divenute proprietà della Solomon R. Guggenheim Foundation di recente. Purtroppo non esiste un catalogo della mostra. Mi sveglio alle 3 di notte e per la prima volta rimugino fino all'ora di alzarmi quali opere comperare.

New York, 26 ottobre 1995, giovedì: Nel pomeriggio siamo stati a Chelsea, dove abbiamo visitato la DIA Foundation. Abbiamo visto un'altra bellissima mostra di Flavin e anche l'installazione che l'artista ha realizzato per la scala, trasformando con una semplice linea di lampade fluorescenti poste nell'angolo uno spazio freddo, anonimo e sostanzialmente informe. Ci ha accompagnato nella visita Michael Govan, da poco direttore della Fondazione, che conosce bene la famiglia Panza per aver lavorato al Guggenheim con Tom Krens al momento della cessione di una parte della collezione di Giuseppe. Gli accenno l'idea di chiedere a Flavin di realizzare un'opera *site specific* per la Chiesa Rossa. Mi promette che proverà a parlargli di questo progetto. Flavin è gravemente malato di diabete, ha bisogno di cure costose e questo potrebbe indurlo ad accettare un incarico che certamente gli riesce difficile per il pessimo ricordo che ha della chiesa cattolica dopo i suoi studi giovanili condotti in un seminario gesuita.

Milano, 2 dicembre 1995, sabato: Sono stata a Varese con Gianni, don Giulio, don Lia e alcuni parrocchiani. Il linguaggio dell'arte moderna è risultato totalmente nuovo per tutti loro, ma l'opera di Flavin in memoria della morte del fratello in Vietnam, *Monument for Those Who Have Been Killed in Ambush (To P.K. who reminded me about death)* ha colpito il parroco e lo ha convinto che la capacità espressiva di questo artista possa "illuminare anche la nostra chiesa, circondata da tanto dolore e solitudine", come dirà poi.

New York, 9 aprile 1996, martedì: Sto facendo un viaggio negli Stati Uniti con la famiglia Panza, mio marito e mio figlio Giacomo per vedere arte contemporanea. Siamo stati a Los Angeles e a San Francisco e siamo arrivati a New York il 6 aprile, Sabato Santo. Oggi alle 15 incontriamo Michael Govan alla DIA Foundation per parlare dell'opera di Flavin per la Chiesa Rossa. Ci sediamo attorno a un tavolo rotondo e incominciamo a esaminare gli aspetti pratici del problema. Flavin è sempre gravemente malato e non potrà venire a vedere la chiesa. Non vuole incontrare nessuno e Govan si offre come nostro intermediario. Inoltre occorre uno sponsor che si faccia carico di pagare il progetto e di realizzarlo. La DIA potrebbe dare un contributo iniziale, ma di modesta entità, tale da coprire solo i costi dei

and a philistine, bourgeois mentality. He has never been to the United States and, ironically, the proposal is for his church to be transformed by an artist from New York. I also talk to Father Pierluigi Lia, a theologian teaching at the Catholic University in Milan, who lives in the parish. He's leaving for a study trip to Germany and I advise him to go to Frankfurt to see Flavin's work.

Milan, Sunday 10 September 1995: We go to Mass at the Chiesa Rossa and I talk to Father Pierluigi, who is just back from Frankfurt and is enthusiastic about Flavin. Father Giulio now wants to see the works of the Minimalist artist, so I suggest he should organize a visit to the Villa Panza.

Milan, Thursday 14 September 1995: A group of people associated with the Solomon R. Guggenheim Foundation, accompanied by Philip Rylands, Director of the Peggy Guggenheim Collection, Venice,[3] comes to my house to see my father's collection. Their opinion is essential for the transfer of the Mattioli Collection to the Peggy Guggenheim Collection in Venice. Giuseppe and Giovanna Panza are also coming to help me with the guests. I take the opportunity to tell Giuseppe about my project to renovate the interior of the Chiesa Rossa with a Flavin installation.

New York, Wednesday 25 October 1995: I've been in New York since yesterday with Gianni and my son Giacomo to see contemporary artworks together with Giuseppe Panza, his wife and their daughter Giuseppina. We methodically visit galleries, museums and artist's studios from 10 in the morning to 5 in the afternoon.
Today we visited the Dan Flavin show at the Guggenheim Museum SoHo. I've never seen so many works together by this artist. I am very enthusiastic, though Giuseppe Panza isn't totally satisfied with the way they're displayed. Many of the works on show come from his collection and are now owned by the Solomon R. Guggenheim Foundation. Unfortunately there's no catalogue of the exhibition.
I wake up at 3 o'clock in the morning and, for

the first time, I reflect until the morning on which works I should buy.

New York, Thursday 26 October 1995: In the afternoon we went to Chelsea to visit the Dia Foundation. We saw another beautiful Flavin show and also the installation made by the artist for the staircase; with a simple line of fluorescent lamps placed in the corner, this has transformed a place that would otherwise be cold, anonymous and substantially formless. We are accompanied by Michael Govan, who has recently been appointed director of the foundation and knows the Panza family very well as he worked at the Guggenheim with Tom Krens when a part of Giuseppe's collection was brought there. I mention the idea of asking Flavin for a site-specific work for the Chiesa Rossa and he promises that he will try to speak to him about this project. Flavin is seriously ill and in need of expensive treatment, so he might be induced to accept a commission that would certainly be difficult for him due to the dreadful memories linked with the Catholic Church after he studied at a Jesuit seminary in his youth.

Milan, Saturday 2 December 1995: I go to Varese with Gianni, Father Giulio, Father Pierluigi and some parishioners. The language of modern art is entirely new for them all, but the work of Flavin in memory of the death of his brother in Vietnam (*Monument for Those Who Have Been Killed in Ambush [To P.K. who reminded me about death])* has impressed the priest. [It convinced him that the expressive power of this artist may 'illuminate our church, surrounded by so much sorrow and solitude', as he later said].

New York, Tuesday 9 April 1996: I am travelling through the United States with the Panza family, my husband and my son Giacomo to see contemporary artworks. We have been to Los Angeles and San Francisco, and reached New York on 6 April, Easter Saturday. Today at 3 p.m. we are due to meet Michael Govan at the Dia Foundation to talk about the Flavin work for the Chiesa Rossa. We sit at a round table and start to examine

rilievi dell'edificio necessari a Flavin per lavorare. Govan dimostra un formidabile spirito pratico, ma mi sembra sostanzialmente scettico sulla riuscita dell'impresa. Sarà suo, comunque, tutto il merito di aver condotto a termine l'operazione con grande spirito imprenditoriale, individuando nella Fondazione Prada di Milano e in Germano Celant i partner più adatti e convincendoli dell'importanza dell'iniziativa.

Rimaniamo intesi che Govan verrà a Milano il prossimo 22 aprile.

Usciamo sotto una vera tormenta di neve e riprendiamo i nostri pellegrinaggi per gallerie. Soltanto due o tre, al momento, hanno lasciato SoHo per Chelsea.

Milano, 22 aprile 1996, lunedì: Alle 12 arriva a casa nostra Michael Govan, raggiunto poco dopo da Giuseppina Panza con il marito Gabriele Caccia Dominioni; mi aiutano a comunicare con il mio ospite americano malgrado il mio pessimo inglese. Dopo pranzo andiamo tutti alla Chiesa Rossa, che Govan vede per la prima volta. Ci accoglie don Giulio e rimaniamo lì dalle 15 alle 17 a parlare di molte cose. Govan ha con sé una macchina cinematografica e filma per Flavin tutta la chiesa e anche noi, come se l'artista desiderasse conoscerci personalmente. Dopo questo incontro, che proseguirà ancora a cena la sera stessa, Govan si appassiona personalmente al progetto e si impegna in ogni modo per la sua realizzazione. Con grande generosità offrirà in prestito alla Fondazione Prada l'intera mostra di opere di Flavin che verrà realizzata in occasione dell'inaugurazione dell'installazione milanese.

Milano, 23 aprile 1996, martedì: Ritorno da Bergamo, dove ho fatto lezione in Accademia, con Angela Vettese, mia collega nell'insegnamento. In macchina chiacchieriamo amichevolmente e le parlo anche del progetto dell'opera di Flavin che ormai mi sembra farsi concreto.

Milano, 10 maggio 1996, venerdì: Michael Govan telefona a don Giulio per dirgli che Flavin ha rifiutato di realizzare un'opera per una chiesa cattolica. L'unica possibilità che rimane è che don Giulio gli scriva una lettera e riesca a convincerlo, vincendo l'ostilità verso l'istituzione che Dan si trascina ormai da molti anni.

Don Giulio segue questo suggerimento e scrive questa lettera:

"Gentile Signor Flavin,

per vie che ritengo ancora misteriose, ho avuto la possibilità di incontrare la Sua opera.

Mi trovo in sintonia con il Suo desiderio di illuminare le cose di questo mondo. I fatti brutali della storia, come l'odio, l'uccisione, la guerra, la morte degli amici, le sconfitte dei popoli interi… mi colpiscono come domande di fuoco. Le sento come bruciore, prima che come offesa. E chiedono una risposta. Il silenzio puro e semplice non mi accontenta. Anche solo il grido è sufficiente a volte a dire che almeno un diritto rimane al povero uomo… Questo pensiero ho avuto nella sala dell'esposizione Panza a Varese in cui Lei ricorda il fratello morto.

Da undici anni sono qui a Milano, parroco in una zona di periferia: la grande città ha sempre dei mucchi di rifiuti umani alle sue porte. Qui 65 anni fa fu costruita una chiesa dall'architetto Muzio, che volle offrire uno spazio disadorno alla massa di immigrati di quel periodo. Questo spazio è ancora lì: un po' rovinato dai colori insignificanti [sic] posticci. Ora vorrei ripristinare lo spazio del Muzio, che è lo spazio della nostra Chiesa, punto d'incontro del nostro attuale quartiere disturbato dalla nuova selvaggia immigrazione, dal disordine amministrativo, dall'enigma islamico, dalla paura di espulsione di tanti uomini, ingiusti ma pur sempre uomini… La luce trafiggente del dolore umano continua da noi il grande dolore del Calvario. Proprio perché tentiamo sempre di dimenticare quello che ferisce, vorrei che l'interno della chiesa ricordasse tutte le sofferenze della città di oggi. Ma anche nella luce di un'espressione che è già dialogo con qualcuno, che ascolta e che può sommare tutto il male al male della croce. Questa collocazione è significativa: indica la strada della speranza. Anche il male non può essere l'ultima parola, ma la richiesta di una presenza, di una energia che si aggiunge a contenere l'esagerazione che ci piega. Come la Pietà Rondanini che si conserva qui al Castello Sforzesco:

the practical aspects of the problem. Flavin is still seriously ill and won't be able to come to see the church. He isn't prepared to meet anybody and Govan offers his help as an intermediary. Moreover, we need a sponsor to meet the cost of realizing the project. The Dia could provide a modest initial contribution, just enough to cover the cost of the building surveys required by Flavin so he can start work on the project. Govan takes an impressively practical approach, but appears to be quite sceptical about the implementation of the project. [But it is thanks to him and his entrepreneurial skills that we were successful and the project was finally realized. This was also because he identified the Fondazione Prada of Milan and Germano Celant as the most appropriate partners and managed to convince them of the significance of the initiative.]

We agree that Govan will come to Milan on April 22. We leave in a snowstorm and go to visit galleries again: at present only two or three have moved from SoHo to Chelsea.

Milan, Monday 22 April 1996: At midday Michael Govan arrives at my house, soon followed by Giuseppina Panza and her husband, Gabriele Caccia Dominioni; because of my awful English, they help me to communicate with my American guest. After lunch we all go to the Chiesa Rossa, which Govan sees for the first time. Father Giulio welcomes us and we stay from 3 to 5 p.m. talking about a lot of things. Govan has brought a video camera and films the whole church for Flavin, and also us—as if the artist wished to know us in person. After this encounter, which continued at dinner the same evening, Govan is very enthusiastic about the project and commits himself to realizing it. [Very generously, he subsequently offers to lend the Fondazione Prada all the works by Flavin required for the exhibition that is to be staged to coincide with the inauguration of the Milan installation.]

Milan, Tuesday 23 April 1996: Coming back from Bergamo, where I've been teaching at the Accademia, with another teacher, Angela Vettese, we talk amiably and I tell her about the Flavin project, which really seems to be taking shape now.

Milan, Friday 10 May 1996: Michael Govan calls Father Giulio to tell him that Flavin has refused to produce a work for a Catholic church. The only thing left to do is for Father Giulio to write Flavin a letter, trying to persuade him to overcome the hostility against the Church that Dan has felt for too many years.

Father Giulio follows this suggestion and writes this letter:

Dear Mr Flavin,

Through ways that I still regard as rather mysterious, I have had the opportunity to see your work.

I am in perfect agreement with your wish to illuminate the things of this world. The brutality of historical events—the hate, the killings, war, the death of friends, the defeat of whole peoples… these are burning questions. I feel them smarting, even before recognizing the affront. And they demand a reply. Pure and simple silence is not enough. Sometimes even a loud cry is sufficient to claim that ordinary people still have at least one right…. This is what came into my mind in the room of the Panza Collection in Varese where I saw the work in memory of your dead brother.

I have been in Milan for eleven years now, a priest in a suburban area: big cities always have the outcasts of society on their edges. Sixty-five years ago a church was built here by the architect Muzio; it was intended to be an unadorned space offered to the masses of people moving into the city from other parts of the country at the time. This space is still there: somewhat spoilt by its insignificant, false colours. I would like to refurbish this space designed by Muzio, the space of our church, a meeting centre in this district troubled by uncontrolled immigration, administrative chaos, the Islamic enigma, the fear of the illegal immigrants that they will be expelled from the country—they may have done wrong, but they are still people…. The piercing light of human suffering continues the great sorrow of the Calvary. And precisely because we always

il sofferente sostiene la Madre svuotata dal dolore.

Mi farebbe molto piacere che una persona come Lei, ricca di sensibilità e desiderosa di comunicare il sapore del mondo attuale, potesse aiutarci a trovare nella nostra Chiesa un ambiente. Per ambiente intendo uno spazio vivo, il luogo dove abita una parola, un invito sensibile a collocare il cuore in sintonia con una storia, che è la nostra, quella fatta da noi poveri uomini, di fronte al grande uomo della croce e della resurrezione. Alcune volte mi pare che la mia Chiesa adesso sia solo uno spazio decoroso in cui ci si incontra, ma ancora neutro e insignificante.

Io non so quanto riesco ad accogliere gli uomini che vivono accanto a me, con la verità della loro situazione, inquieta e delusa. Cerco con tanti amici cristiani di tenere vivo il gusto della bellezza e del bene. La nostra casa comune, la Chiesa, potrebbe dire le nostre intenzioni e anche trasmettere a chi verrà dopo di noi il nostro grido di dolore e di speranza: un grido espresso coralmente, come una Passione di J.S. Bach.

Dopo l'audace richiesta di un Suo intervento per illuminare la nostra Chiesa, questa lettera vuol essere solo una conferma di stima per Lei e l'indicazione del mio desiderio, che con me sottoscrive entusiasticamente anche don Pierluigi Lia, mio amico e compagno di lavoro pastorale.

Augurando ogni bene e tanta serenità nel compimento della Sua missione di aiutare a capire il tratto della nostra storia che stiamo vivendo,
salutiamo.

Milano, 12 maggio 1996
Don Giulio e Don Pierluigi"

Milano, 17 maggio 1996, venerdì: Gianni è stato in Chiesa Rossa e ha saputo da don Giulio che Flavin ha accettato l'incarico. Da testimoni oculari saprò poi che Dan si commosse profondamente quando lesse la lettera del parroco, che la fece leggere a diverse persone – tra cui Michael Govan e Lisa Dennison – e che la commentò con queste parole: "Questo sarà il mio grande testamento".

Milano, 20 giugno 1996, giovedì: Alle 16 vado con mio figlio Giovannibattista in Chiesa Rossa, dove ho appuntamento con don Giulio e Germano Celant. È la prima riunione operativa. Celant si dichiara molto favorevole al progetto, che vede coinvolte due fondazioni, una americana e una milanese. Propone di organizzare un *team* che segua la realizzazione dell'opera. Si decide che, come prima cosa, dovranno essere chiesti agli eredi dell'architetto Muzio i disegni della chiesa e fatti dei rilievi dell'esistente, da inviare a Flavin.

Milano, 16 luglio 1996, martedì: Gianni e io siamo invitati a cena da Miuccia Prada, per conoscerci personalmente. La famosa stilista è molto disponibile e gentile. Affronta decisamente il problema del finanziamento del progetto e della realizzazione dell'opera di Flavin, che in seguito la Fondazione Prada tratterà direttamente.

La Chiesa Rossa è situata nella periferia sud di Milano, nel quartiere Stadera costituito perlopiù da case popolari molto degradate. Gran parte della zona è purtroppo nota per essere dominata dalla criminalità organizzata e interi edifici sono sistematicamente oggetto di occupazioni abusive, soprattutto da parte della immigrazione più recente di origine extraeuropea. Il Comune di Milano ha trascurato sempre i problemi sociali del quartiere, non assegnando per decenni secondo graduatorie legali gli appartamenti lasciati liberi, trascurando la ordinaria manutenzione degli stabili, lasciando abbandonati a se stessi gli anziani, permettendo di prosperare al sistematico spaccio di droga che avviene alla luce del sole. In questo contesto di degrado e di isolamento, contro cui si batte invano da anni un comitato di cui fa parte anche don Giulio, l'installazione di Flavin potrebbe costituire un elemento di recupero decisivo, coinvolgendo il quartiere in un circuito culturale e turistico e aiutandolo a inserirsi nuovamente in modo positivo nel tessuto cittadino.

Miuccia Prada, che si dichiara agnostica, è particolarmente sensibile e interessata ai risvolti sociali dell'inserimento di un'opera d'arte contemporanea in una zona degradata della città. Il suo successivo incontro

attempt to forget what is assailing us, I would like the interior of the church to recall all the sufferings of the city today, also in the light of an expression that is already a dialogue with somebody who listens and may add all the pain to that of the Cross. This location is significant: it shows a way to hope. Suffering may not be the last word, but it is the request for a presence, for energy to curb the excesses that cause us to succumb: as in the *Rondanini Pietà,* preserved here at the Castello Sforzesco, in which the suffering Christ supports his Mother, crushed by sorrow. I would be very glad if someone like you, with your sensibility and desire to express the spirit of the modern age, could help us to find a suitable environment in our church. By this I mean a live space, the place in which the Word dwells, an invitation to let the people's hearts be in harmony with a story, our story, that of us simple people, before the great man of the Cross and the Resurrection. Sometimes I think that now my church is only a decorous space in which we meet, but still a neutral and insignificant one.

I do not know if I really manage to give comfort to the people living close to me, with the truth of their anxiety and disappointment. I try, together with several Christian friends, to keep alive a feeling for beauty and goodness. Our common house, the church, could convey our intentions and even pass on, after us, our cry of sorrow and hope: a choral cry, like the one in Bach's Passions.

After our bold request for your intervention to illuminate our church, this letter only seeks to confirm my esteem for you and explain my wishes, which are enthusiastically shared by Father Pierluigi Lia, my friend and associate in our pastoral duties.

Wishing you all the best and all the peace of mind you need to accomplish your mission to help us to understand the times in which we live.

With our best regards,
Fathers Giulio and Pierluigi
Milan, 12 May 1996

Milan, Friday 17 May 1996: Gianni has been to the *Chiesa Rossa* where Father Giulio told him that Flavin has accepted the commission. [Those present later let me know that Dan was deeply moved by the priest's letter, and asked several people to read it, including Michael Govan and Lisa Dennison. His comment was: 'This will be my great testament.']

Milan, Thursday 20 June 1996: At 4 p.m. I go with my son Giovannibattista to the Chiesa Rossa, where I'm due to meet Father Giulio and Germano Celant. This is the first working meeting. Celant is very much in favour of the project, which involves two foundations, one American, the other Milanese. He suggests we should set up a team to supervise the execution of the work. We decide that the first thing to do is ask the heirs of the architect Muzio for the church drawings; then we must make a survey of the existing building and send it to Flavin.

Milan, Tuesday 16 July 1996: Gianni and I are invited to dinner by Miuccia Prada, who would like to meet us in person. The famous stylist is very helpful and kind. She resolutely deals with the problem of financing the project and realizing the Flavin work, which afterwards will be managed directly by the Fondazione Prada. The Chiesa Rossa is located in the southern suburbs of Milan, in the Stadera district, which mainly consists of run-down public housing. Unfortunately, most of the area is notorious for being dominated by organized crime, while whole blocks of flats are occupied by squatters, often immigrants from outside Europe. The city authorities in Milan have always neglected the social problems of this area, never assigning the empty flats to those entitled to them, omitting the routine maintenance of the buildings, abandoning old people to their fate and allowing drug trafficking to take place openly. In such a derelict and marginalized environment—a committee, of which Father Giulio is a member, has been fighting to resolve these problems for years—the Flavin installation could be a significant step towards rehabilitating the area, allowing it to acquire new cultural and touristic interest, and helping to bring it back into the city's social fabric.

con don Giulio porterà a una intesa e a una collaborazione molto positive.

Milano, 10 ottobre 1996, giovedì: L'estate è trascorsa senza novità per quanto riguarda la Chiesa Rossa. Oggi mi ha telefonato l'assistente di Flavin, Steve Morse, per dirmi che la salute dell'artista è andata peggiorando e che da tempo non può lavorare. Telefono a don Giulio e a Miuccia Prada, per esprimere loro tutta la mia preoccupazione.

Milano, 21 ottobre 1996, lunedì: Don Giulio scrive a Flavin questa lettera:
"Gentile Signor Flavin,
ho ricevuto da amici comuni la notizia delle sue difficoltà di salute.
Voglio dirle il mio dispiacere e la mia simpatia.
Ho anche chiesto al Signore che le permetta di esprimere ancora quella voglia e quel senso di luce che riscatta dalla nausea il nostro vivere.
Con molta simpatia ed augurio di salute
Don Giulio Greco"

Milano, 16 novembre 1996, sabato: È venuto a cena a casa nostra Steve Morse, dopo aver passato tutto il giorno in Chiesa Rossa a fare rilievi e fotografie.
Ci dice che Flavin è stato molto male, ma che ultimamente si è un po' ripreso e conta di terminare il suo progetto entro Natale. Lo ha mandato in Italia a controllare delle misure perché è incerto tra due possibili soluzioni.
Ci dice inoltre che Dan ha guardato più volte il video girato da Govan e che quest'opera è al centro dei sui pensieri anche nei momenti più impensati, quando guarda una partita di baseball alla televisione, bevendo whisky.
Per Flavin la chiesa si può lasciare così com'è, ha bisogno solo che le pareti e la volta siano imbiancate per riflettere la luce senza alterarla e chiede se sia possibile che vengano cancellati i dipinti dell'abside.

New York, 27 novembre 1996, mercoledì: Saprò poi che Flavin ha consegnato a Govan in questa data il progetto definitivo per la Chiesa Rossa, accompagnandolo con queste parole: "Adesso posso finalmente morire in pace".

New York, 29 novembre 1996, venerdì: Dan Flavin muore improvvisamente per le complicazioni renali e cardiache legate alla grave forma di diabete che lo affligge da anni.

Milano, 5 dicembre 1996, lunedì: Giuseppe Panza mi telefona per informarmi della morte di Flavin. Ne parlo a mia volta con don Giulio. Siamo tutti sgomenti e cerchiamo di rassegnarci al fatto che ormai dobbiamo dimenticare il sogno che abbiamo coltivato per la Chiesa Rossa.

Milano, 6 dicembre 1996, martedì: A Bergamo faccio una lezione su Flavin agli studenti del primo anno, che non hanno visitato Villa Panza. Dico loro che è appena morto uno dei più grandi artisti della seconda metà del XX secolo. Nessuno di loro lo ha mai sentito nominare.

Milano, 14 dicembre 1996, sabato: Don Giulio, Gianni, mio figlio Giacomo e io andiamo a pranzo dai coniugi Panza, dove aspettiamo anche Govan, venuto apposta a Milano. Siamo tutti consapevoli di vivere un momento in qualche modo "storico" e la curiosità ci rende ansiosi. Govan arriva a mani nude, malgrado ci abbia preannunciato che avrebbe portato con sé il progetto ultimato da Flavin subito prima della morte. Nel salotto di casa Panza toglie dalla tasca interna della giacca quattro fogli a quadretti con un disegno molto semplice: delle linee colorate che corrono sopra le colonne all'altezza dell'imposta della volta, risvoltano nel transetto, salgono lungo i lati dell'abside.
Dopo colazione Giuseppe Panza rimane a casa, mentre noi andiamo in Chiesa Rossa a vedere sul posto come dovrebbe risultare il progetto. Don Giulio accetta la proposta elaborata da Flavin per la chiesa. I problemi relativi all'acquisto dell'opera (dagli eredi) e alla sua realizzazione sono presi in carico dalla Fondazione Prada.

Milano, 26 maggio 1997, lunedì: Giuseppe Panza ed io parliamo di arte contemporanea e in particolare di Flavin ai fedeli della Chiesa Rossa, riuniti per l'occasione da don Giulio nel locale

Miuccia Prada, who declares that she's agnostic, is particularly sensitive to and interested in the social implications of the realization of a contemporary artwork in a run-down area of the city. [The meeting between Prada and Father Giulio was very positive, leading to fruitful collaboration between them.]

Milan, Thursday 10 October 1996: Summer has gone by without any news about the Chiesa Rossa project. Today Flavin's assistant, Steve Morse, called to say that the artist's health is getting worse and he hasn't been able to work for some time. I call Father Giulio and Miuccia Prada to voice my concern.

Milan, Monday 21 October 1996: Father Giulio writes this letter to Flavin:
Dear Mr. Flavin,
I have heard about your health problems from mutual friends. I just wish to let you know that I am very sorry about this and I have asked the Lord to let you again express the will and the light that redeems us from the revulsion of our lives.
With all my sympathy and best wishes for your health,
Father Giulio Greco

Milan, Saturday 16 November 1996: Steve Morse [Flavin's assistant] came to dinner after spending all day at the Chiesa Rossa making surveys and taking photographs.
He tells us that Flavin has been very ill, but recently he has been feeling better and hopes to finish the project by Christmas.
He has sent his assistant to Italy to check some measurements because he is undecided between two possible solutions.
Morse also tells us that Dan has watched the video made by Govan many times and that he keeps thinking about this project, even while watching baseball on television and drinking whisky. Flavin thinks that the church needs no changes, except that the walls and vault should be painted white in order to reflect the light without altering it. If possible, he would like the apse paintings to be removed.

New York, Wednesday 27 November 1996:
[I later discover that today Flavin has handed over the final project for the Chiesa Rossa to Govan, with these words: 'Now I can finally die in peace'.]

New York, Friday 29 November 1996:
[Dan Flavin suddenly dies due to renal and heart failure related to the serious form of diabetes from which he has been suffering for years.]

Milan, Monday 5 December 1996: Giuseppe Panza calls to inform me of Flavin's death. I talk to Father Giulio about it. We are all shocked and resign ourselves to the fact that we must try to forget about our dream for the Chiesa Rossa.

Milan, Tuesday 6 December 1996: At the Accademia in Bergamo I give a lecture on Flavin to the first-year students, who have not visited the Villa Panza. I tell them that one of the most important artists of the second half of the twentieth century has just died. They have never heard of him.

Milan, Saturday 14 December 1996: Father Giulio, Gianni, my son Giacomo and I go for lunch at the Panza's, where Govan is also expected, as he is coming to Milan specially to see us. We are all aware that this is, in effect, a historical moment and are very anxious to hear what he has to say. Govan has apparently brought nothing with him, although he promised to let us have the project Flavin finished before his death. Then, in the Panza's drawing-room, he takes out of his pocket four sheets with a very simple drawing: coloured lines run above the columns at the impost level of the vault, turn over the transept and climb along the sides of the apse.
After lunch Giuseppe Panza stays at home while the rest of us go to the Chiesa Rossa to see how the project will work out on the spot. Father Giulio accepts Flavin's proposal for the church: the Fondazione Prada will be concerned with the problems relating to the purchase of the work from the heirs and its realization.

sotto alla chiesa adibito alle conferenze. C'è molta aspettativa per quello che avverrà tra poco in parrocchia. Sono presenti numerosi giovani, soprattutto universitari legati a don Lia, che dimostrano una notevole preparazione generale e fanno domande pertinenti. Il dialogo si svolge in un clima particolarmente cordiale. A gennaio, durante una predica, don Giulio aveva detto in modo apparentemente generico che la Chiesa Rossa sarebbe diventata "la chiesa più luminosa della città". Eravamo ancora in pochissimi a sapere a cosa si riferiva. Infatti avevamo deciso di non dire nulla a nessuno per non sollevare uno di quei polveroni di polemiche che impediscono a Milano di realizzare qualsiasi iniziativa.

Per intervenire sull'edificio della chiesa era stata fatta una semplice domanda alla soprintendenza competente per opere di ordinaria manutenzione, imbiancatura e messa a norma dell'impianto elettrico. Alla Curia non era necessario comunicare nulla, dal momento che le spese per l'opera sarebbero state completamente coperte dalla Fondazione Prada (che si assumerà poi anche l'onere relativo alla manutenzione e al pagamento delle bollette elettriche) e per il restauro della chiesa da me. A questo scopo avevo venduto all'asta un dipinto di De Pisis proveniente dalla collezione di Pietro Feroldi, passato poi a mio padre.

Milano, agosto 1997: Approfittando del periodo estivo vengono realizzati i restauri della chiesa necessari all'installazione di Flavin. Gianni se ne occupa personalmente. Si procede al restauro delle parti lignee (porte, soffitto del transetto), all'imbiancatura generale (che finalmente solleva don Giulio dal soffitto rosso che è pesato per tanti anni sulla sua testa), viene rifatto l'impianto elettrico, predisponendo delle luci adatte alla lettura nelle navate e sull'ambone e gli attacchi che serviranno per le lampade fluorescenti. I vetri delle finestre sono sostituiti con altri bianco latte, mentre l'andito al battistero, il ciborio e i pilasti che reggono i due organi sono dipinti in finta pietra, come in origine. Viene ripulito e prende importanza il crocefisso che domina dall'alto la navata maggiore, prima assai poco visibile. Nei giorni che precedono ferragosto i

dipinti dell'abside scompaiono rapidamente, senza lasciare eccessivi rimpianti neanche alle vecchiette che seguono ogni giorno con attenzione il procedere dei lavori. Erano davvero troppo brutti e la nuova, luminosa dimensione della chiesa (che ritorna a essere fedele al primitivo progetto di Muzio, come testimoniano le fotografie d'epoca) dà un senso di serenità per la armoniosa proporzione dei volumi.

Milano, 15 novembre 1997, sabato: Nel pomeriggio vado in Chiesa Rossa per l'inizio dei lavori di installazione dell'opera di Flavin. Li seguono Morse, come assistente del maestro, e Astrid Welter per conto della Fondazione Prada. L'elettricista che installa le lampade fluorescenti borbotta tra sé "che razza di arte è questa, che sono capace di fare anch'io". Si forma un gruppo di persone anziane, uomini e donne, che si ferma in chiesa per tutto il tempo in cui è aperta. Seguono il procedere dei lavori come se si trattasse di casa propria.

Milano, 17 novembre 1997, lunedì: Vado in Chiesa Rossa per le 17, per vedere accendere per la prima volta le lampade fluorescenti che sono state messe in opera. Steve Morse è già sul posto insieme a don Giulio. Alle 19 la chiesa viene chiusa al pubblico e ci raggiungono Gianni, Giacomo, Astrid, Pandora Tabatai direttrice della Fondazione Prada. Le persone anziane che hanno seguito i lavori non vogliono uscire e rimangono chiuse nella chiesa con noi. Quando l'elettricista accende le lampade lungo il lato destro della navata, la mia prima impressione è deludente. La linea di luce che sottolinea l'imposta della volta non riesce ancora a ricreare l'ambiente, ma è solo un tratto di colore su una tela bianca.

Milano, 19 novembre 1997, mercoledì: Ritorno a vedere come procedono i lavori alla Chiesa Rossa. L'elettricista sta ancora sistemando le lampade, ma ora l'installazione incomincia a prendere forma e forza. Alla fine della giornata, quando viene buio e si accendono le lampade, l'effetto è sorprendente e coinvolge d'improvviso tutto il quartiere: l'edicolante e il macellaio del Mercato Comunale adiacente lasciano i loro negozi e corrono in

Milan, Monday 26 May 1997: Together with Giuseppe Panza, I talk about contemporary art and, in particular, about Flavin to the members of the Chiesa Rossa congregation, who have been invited for the occasion by Father Giulio to the church meeting-room. Expectation about what is going to happen to the church is high and there are many young people present, especially university students; closely linked to Father Pierluigi, they seem to have a good cultural background and ask pertinent questions. The discussion takes place in a very cordial atmosphere.

In January, during a sermon, Father Giulio had said in what seemed to be a vague manner that the Chiesa Rossa would become 'the brightest church in the city'. Very few people knew what he was talking about: we had, in fact, decided to say nothing in order to avoid the endless disputes that prevent new initiatives in Milan from being successful. With regard to the work on the church a simple application has been filed with the public department in charge of routine maintenance, informing them about the repainting and the rewiring necessary to bring the building into line with current safety regulations. It hasn't been necessary to inform the diocese, as the cost of the work is to be entirely borne by the Fondazione Prada, which will also take care of the maintenance and payment of the electricity bills, while the conservation of the church building is my responsibility. To this end, I have auctioned a De Pisis painting; formerly in Pietro Feroldi's collection, it had been acquired by my father.

Milan, August 1997: Taking advantage of the summer, the conservation work on the church necessary for the Flavin installation is carried out, supervised by Gianni.

The wooden parts (the doors and transept ceiling) are restored, the walls and vault are painted white (finally relieving Father Giulio of the red ceiling, which for many years had been a burden over his head), the wiring is redone, reading lights are installed in the nave and aisles, and on the pulpit, and the brackets for the fluorescent lamps are fitted to the walls. The window panes are replaced with opaque white ones, while the passage leading to the baptistery, the ciborium and the pillars supporting the two organs are given an imitation stone finish, as provided for in the original drawing. The crucifix dominating the nave, previously hardly visible, is cleaned and repositioned. In the days preceding the feast of the Assumption the apse paintings are removed: nobody complains—they really were too ugly. The bright new appearance of the church—faithful to Muzio's original project, as is demonstrated by photographs dating from the time when it was built—and the harmonious scale of the volumes, convey a sense of peace.

Milan, Saturday 15 November 1997: In the afternoon I go to the Chiesa Rossa, where the work on the Flavin installation is beginning. Morse, the artist's assistant, and Astrid Welter, on behalf of the Fondazione Prada, supervise the work. The electrician mounting the fluorescent lamps is muttering to himself: 'What sort of art is this: I can do it myself!'. A group of old people, both men and women, stay in the church whenever it's open. They monitor the work as if it involved their own homes.

Milan, Monday 17 November 1997: At 5 p.m. I go to the Chiesa Rossa, to see the fluorescent lamps switched on for the first time. Steve Morse is already there, together with Father Giulio. At 7 p.m. the church is closed to the public. Gianni, Giacomo, Astrid and Pandora Tabatai, the director of the Fondazione Prada, are also there. The old people who have watched the work refuse to leave and are allowed to stay in the church. When the electrician switches on the light on the right side of the nave, I am disappointed at first. The line of light following the impost of the vault does not yet manage to make an impact on the space: it's just a line of colour on a white canvas.

Milan, Wednesday 19 November 1997: I go again to see how the work is proceeding. The electrician is still mounting the lights, but now the installation starts showing its form and

chiesa a vedere che cos'è quel colore meraviglioso, rosa e azzurro, che sgorga d'improvviso dalle finestre. I passeggeri dei tram che si fermano di fronte alla chiesa scendono in massa, attirati anch'essi dalla luce misteriosa. L'elettricista, dopo aver borbottato tutti i giorni, si guarda intorno stupito, si commuove e corre a casa a chiamare la moglie. La gente dimostra di aver capito subito, senza bisogno di parole, la bellezza che Flavin ha saputo creare.

Milano, 28 novembre 1997, venerdì: Per le 11 vado alla Fondazione Prada, dove si tiene la conferenza stampa che presenta al pubblico la mostra di Flavin organizzata con la collaborazione della DIA Foundation e l'opera della Chiesa Rossa. Michael Govan tiene un discorso in italiano. Tutta la stampa è molto interessata e scriverà ampiamente sull'argomento. Non sono presenti i sacerdoti, né don Giulio né don Lia, perché monsignor Crivelli, responsabile dell'arte sacra nella diocesi di Milano, si è risentito per non essere stato interpellato a suo tempo sull'iniziativa e ha mandato una lettera di rimprovero al parroco. Peraltro nessun membro della chiesa milanese, di nessun grado, sarà presente alla inaugurazione, né il cardinal Martini verrà mai a vedere l'opera durante il suo mandato di arcivescovo di Milano.
Govan ci fa notare che l'inaugurazione dell'installazione avverrà proprio nel primo anniversario della morte di Flavin. Questa coincidenza di date era sfuggita a noi milanesi, che eravamo stati informati della scomparsa dell'artista con qualche giorno di ritardo.
Al pomeriggio l'angoscia mi attanaglia e incomincio a star male anche fisicamente.
La risposta alla domanda che avevo osato porre a Dio sta davanti ai miei occhi con una realtà fisica ineluttabile. Gli eventi che hanno portato alla sua realizzazione si sono svolti naturalmente, con un tempismo che ha travolto tutti gli ostacoli, che pure si sono presentati puntualmente l'uno dopo l'altro. In un quartiere abbandonato dai politici, degradato dalla negligenza, teatro di continue lotte tra poveri, in un vero e proprio deserto di umanità allo sbando, è cresciuto miracolosamente un fiore, "una meraviglia ai nostri occhi". Quella che

sembrava essere una delle più brutte chiese di Milano è diventata paragonabile a Santa Maria delle Grazie, capolavoro del Rinascimento. Decido di scrivere a don Giulio per dirgli la verità sul significato che ha per me quest'opera, a cui apparentemente ho lavorato con tanta determinazione, ma che in realtà mi fa paura per la sua stessa esistenza che mostra un disegno troppo più grande di me. So bene ormai che davanti a me e ai miei cari si erge soltanto la realtà della Croce. Il resto è solo fumo, per proteggerci dagli sguardi della gente.

Milano, 29 novembre 1997, sabato: Alle 16,30 viene inaugurata la mostra di Flavin alla Fondazione Prada in via Spartaco, alle 18 viene celebrata la messa in Chiesa Rossa con l'installazione di Flavin accesa, cui seguono un rinfresco, un concerto, una cena privata in casa di Patrizio Bertelli e Miuccia Prada.
Malgrado i giornali abbiano parlato ampiamente dell'evento, non è presente nessun personaggio del mondo della moda, nessun artista, nessun membro delle soprintendenze o funzionario dei musei esistenti in Lombardia, né il sindaco, né l'assessore alla cultura o qualche rappresentante del consiglio provinciale o di quello regionale. Sono presenti invece tutti i più importanti architetti milanesi, che hanno parole di ammirazione e di stupore per l'operazione realizzata dalla Fondazione Prada.
Al rinfresco si mescolano, in modo assolutamente inusuale e certo interessante da un punto di vista antropologico, architetti, collaboratori della Fondazione, parrocchiani, le personalità della cultura internazionale che hanno collaborato all'impresa – come Michael Govan, Germano Celant, Giuseppe Panza, Miuccia Prada – gli anziani che hanno seguito i lavori di giorno in giorno, gli operai che li hanno eseguiti, la gente del quartiere che ha saputo della festa.
Sulla chiesa verrà scritto molto, non solo dai giornali e dalle riviste di tutto il mondo, ma anche da critici di fama e da teologi.
La Fondazione pubblicherà un volume a cura di Germano Celant, intitolato *Cattedrali d'arte*. In pochi anni l'ultima opera di Flavin compare anche sui manuali scolastici e in occasione del Giubileo la Curia Romana ne riconoscerà

power. At the end of the day, when it gets dark and the lamps are switched on, the effect is surprising and suddenly involves the whole district: the newsagent and the butcher in the nearby market leave their shops and run to the church to see what's happening, to see where that wonderful pink and blue colour suddenly pouring out of the windows is coming from. The passengers on the trams passing by the church all get off, attracted by the mysterious light. The electrician, after all his muttering, looks around astonished, is deeply moved and runs home to call his wife. People show they have immediately understood the beauty created by Flavin without the need for words.

Milan, Friday 28 November 1997: At 11 a.m. I go to the Fondazione Prada for the press conference that is presenting to the public the exhibition of Flavin's works staged in collaboration with the Dia Foundation and the Chiesa Rossa. Michael Govan gives a speech in Italian. The press is very interested and many articles will be written on the subject. Neither Father Giulio nor Father Pierluigi are there as Monsignor Crivelli, who is responsible for sacred art in the Milan diocese, resents the fact that he wasn't consulted about the initiative and has sent a reprimand to the priest. [On the other hand, no member of the city church, at any level, will be present at the inauguration and Cardinal Martini never went to see the installation while he was archbishop of Milan.]
Govan remarks that the opening coincides with the first anniversary of Flavin's death. This coincidence had escaped the attention of us in Milan, especially because we had been told about the artist's death with a few days' delay. In the afternoon I am in anguish and feel physically ill. The answer to the question I dared ask God is here, an ineluctable physical presence. The events allowing its realization occurred naturally, allowing all obstacles to be overcome. In a real desert of human existence—a district abandoned by politicians, run-down as a result of neglect, the scene of continuous conflicts between its deprived inhabitants—a flower has miraculously blossomed: 'a wonder for our eyes'. A church

that seemed to be one of the ugliest in the city is now comparable to Milan's Renaissance masterpiece, Santa Maria delle Grazie. I make up my mind to write to Father Giulio to tell him the truth about the meaning of this work of art as far as I am concerned. This is the work that I have supported with so much apparent resolution, but now it really frightens me as its existence reveals a design that is too great for me to understand. I now know that before me and my family there stands just the reality of the Cross: everything else is just a screen to protect us from people's eyes.

Milan, Saturday 29 November 1997: At 4.30 p.m. the Flavin exhibition is inaugurated at the Fondazione Prada in Via Spartaco, Milan. At 6 p.m. Mass is held at the Chiesa Rossa with the Flavin installation switched on. A reception, a concert and a private dinner at Patrizio Bertelli and Miuccia Prada's house follow. Despite the wide press coverage of the event, there are no personalities from the fashion world, no artists and no members of the regional art departments and museums; the city's mayor and chairman of the culture committee aren't there, and there are no representatives of the provincial or regional councils. On the other hand, all the most important Milanese architects are present and they are full of praise for the Fondazione Prada's initiative.
Unusual and certainly interesting from the human point of view is the mixture of people at the reception: architects, members of the Fondazione's staff, parishioners, cultural figures of international stature who have helped to make the initiative successful—such as Michael Govan, Germano Celant, Giuseppe Panza and Miuccia Prada—the old folks who kept an eye on the works day after day, the workers who set it all up and local people who have been informed about the opening. [Much will be written about the church, not only in newspapers and magazines all over the world, but also by famous critics and theologians as well. The Fondazione will publish a book, edited by Germano Celant, entitled *Cattedrali d'arte*. In a few years time, Flavin's last work will be mentioned in school

ufficialmente l'importanza, additandola a esempio.

L'installazione realizzata dall'artista minimalista unisce la forza emotiva della luce colorata, che si riflette sulle pareti e qualifica gli spazi sottolineandone i punti di maggior forza, con ben precisi riferimenti all'iconografia religiosa cattolica, anche se non figurativa.

Arrivando alla Chiesa Rossa dal centro della città, lungo la direttrice rettilinea che da Piazza del Duomo prosegue per via Torino oltre Corso di Porta Ticinese fino in via Montegani, in una di quelle giornate nebbiose tipicamente milanesi che iniziano a fine ottobre e durano fino all'esplodere di una primavera spesso tardiva, si vedono da lontano delle luci misteriose, dai colori irreali, che irrompono con forza dalle finestre dell'edificio scuro. Sembra che dentro di esso sia racchiuso qualcosa di meraviglioso, che invita a entrare con la forza di quella luce prorompente. Una volta entrati ci si trova in uno spazio sobrio e rarefatto, in cui lo sguardo viene indirizzato naturalmente verso il Crocefisso, al centro della navata maggiore, dalle linee luminose delle lampade fluorescenti, che trasformano la volta in un cielo azzurro. Al di là del Crocifisso, nel transetto, le pareti riflettono una luce rosa calda e accogliente, che subito rimanda all'abside dorata. La presenza di lampade a luce ultravioletta crea riflessi inaspettati e cangianti su tutte le superfici bianche, dal triangolo che conclude il ciborio alla tovaglia dell'altare, ai paramenti del sacerdote, alle vesti dei fedeli. Se il giallo dell'abside rimanda immediatamente ai mosaici altomedievali o bizantini a tessere d'oro, che utilizzavano proprio la rifrangenza luminosa del materiale per esprimere la immortalità, la regalità e lo splendore di una divinità non raffigurabile solo con l'immagine di Cristo Pantocratore, la scelta dell'abbinamento dei colori azzurro e verde, rosso e giallo riporta anch'essa alla teologia altomedievale, che ne teorizzò l'uso per significare la presenza del Dio invisibile in raffigurazioni musive o affrescate presenti a Roma, Ravenna e anche a Milano fino all'inizio del XVI secolo, come nelle nubi che circondano il busto del Padre dipinto da Vincenzo Foppa nella Cappella Portinari in Sant'Eustorgio e dal Bergognone in San Simpliciano. Infine il modulo relativo alle lampade utilizzate da Flavin si fonda sul numero 8, simbolo della perfezione divina nel mondo ultraterreno in quanto successivo al numero 7, a sua volta legato alla perfezione dell'universo creato. Infatti nella navata si possono contare ventiquattro lampade (equivalenti a 3 x 8), che diventano otto per ogni lato nel transetto e nell'abside.

L'installazione realizzata da Flavin è straordinariamente rispettosa della religiosità popolare e dei suoi segni preesistenti: i dipinti devozionali di modestissima fattura, l'altare maggiore moderno con il relativo pulpito e quant'altro concerne l'uso della chiesa nella quotidianità dei suoi riti sono rimasti immutati, solo che non colpiscono più negativamente per la loro obiettiva mancanza di pregio. Lo sguardo si sposta subito oltre, più in alto, e passa pietosamente sopra ogni cosa, attratto dalla costruzione a fuga centrale della architettura che pone in risalto il grande crocefisso e il ciborio con il tabernacolo. Tutta la chiesa si qualifica soprattutto come un unico grande ambiente, che si anima grazie alla presenza delle persone.

Da questo momento l'opera partecipa essa stessa della vita ecclesiale, parrocchiale e comunitaria che in essa si svolge.

Milano, gennaio 1998: Hiroshi Sugimoto, artista di fama internazionale, dedica un'opera alla Chiesa Rossa, fotografandone l'interno in bianco e nero.

Milano, 28 gennaio 1998, mercoledì: Il FAI organizza il primo concerto pubblico in Chiesa Rossa, dando inizio a una serie di manifestazioni musicali che continuerà nel tempo, caratterizzate da uno specifico interesse verso la musica moderna e contemporanea.

Milano, 13 dicembre 1998, domenica: Giovannibattista, che da qualche mese frequenta l'università a Boston, arriva a casa per passare con noi le feste di Natale. Appena sistemate le sue cose, telefona ai suoi amici, tra i quali Eugenio Segantini, il suo compagno di banco delle elementari. Non riesce a parlare personalmente con lui e in breve veniamo a

books and during the Roman Catholic jubilee (in 2000) even the Roman Curia will officially recognize its significance and hold it up as an example.]

The installation designed by the Minimalist artist combines the intense force of the coloured light—which is reflected on the walls and enhances the spaces, stressing their stronger points—with specific references to the Catholic iconography, even though it is non-representational.

Arriving at the Chiesa Rossa from the city centre—a straight route from Piazza del Duomo along Via Torino, Corso di Porta Ticinese and Via Montegani—on one of those foggy days that are so typical of Milan from the end of October until the often belated start of spring—you see in the distance some mysterious lights, with unreal colours bursting forth from the windows of a dark building. It seems that inside there is something wonderful that invites you to immerse yourself in this powerful light. Once inside, you find yourself in an austere and rarefied space where your eyes are naturally attracted by the crucifix in the centre of the nave and the bright lines of the fluorescent lamps that transform the vault into a blue sky. Beyond the crucifix, in the transept, the walls reflect a warm and welcoming pink light, immediately conveying your gaze towards the golden apse. The ultraviolet lamps create unexpected iridescent reflections on all the white surfaces, from the triangle terminating the ciborium to altar-cloth, the priest's robes and the worshipper's clothes. While the yellow of the apse immediately recalls the golden mosaics of the early Middle Ages or Byzantine period, which used the bright refractivity of gold to express the immortality, the majesty and splendour of the Divinity that is not only represented with the image of the Christ Pantocrator, the juxtaposition of blue and green, red and yellow also recalls early-medieval theology. Proposed by the latter, this combination of colours was used to indicate the presence of the invisible God in the mosaics and frescoes of Rome, Ravenna and Milan until the beginning of the sixteenth century, as may be seen in the clouds surrounding the bust of the Father painted by Vincenzo Foppa in the Cappella Portinari in Sant'Eustorgio and by Bergognone in his *Coronation of the Virgin* in the church of San Simpliciano, also in Milan. Lastly, the module used by Flavin for the lamps is based on the number 8, the symbol of divine perfection in the ultramundane existence as it follows number 7, in turn linked to the perfection of the created universe. The nave has, in fact, twenty-four lamps (corresponding to 3 x 8): eight on each side of the transept and eight in the apse.

The installation realized by Flavin is extraordinarily respectful of popular piety and of its pre-existing signs: the mediocre devotional paintings, the modern altar and pulpit, and whatever else is used in the everyday rites of the church, have been left as they were; only one is no longer struck by their poor quality. One's gaze immediately goes beyond, higher up, passing compassionately over everything, attracted by the imposing architecture, which highlights the crucifix and the ciborium with the tabernacle. The whole church appears as a single space, animated by the presence of people: from now on Flavin's work participates in the ecclesiastical, parochial and communal activities taking place there.

Milan, January 1998: The internationally famous Japanese photographer Hiroshi Sugimoto dedicates a work to the Chiesa Rossa, taking a picture of its interior in black and white.

Milan, Wednesday 28 January 1998: The FAI organizes the first public concert at the Chiesa Rossa, inaugurating a series of events focusing on modern and contemporary music that will continue in the future.

Milan, Sunday 13 December 1998: Giovannibattista, who has been attending Boston University for the last few months, comes home to spend Christmas with us. As soon as possible he calls his friends, including Eugenio Segantini, his classmate at primary school. He cannot speak to him directly and we soon learn that the boy has

sapere che è stato operato di un tumore al cervello e che il suo stato di salute è molto preoccupante. Questa notizia ci sconvolge perché siamo profondamente legati a questo ragazzo, a suo fratello Giacomo, che è coetaneo del mio secondogenito, e alla loro famiglia. Dopo le festività natalizie i genitori di Eugenio verranno a vedere la Chiesa Rossa, di cui abbiamo parlato loro con tanto entusiasmo. Lì trovano un luogo e delle persone che accolgono il loro dolore e incominciano a intravedere una nuova luce da cui trarre la forza necessaria ad affrontare una realtà così terribile e assurda come la malattia e la morte di un figlio appena ventenne, dotato di grande umanità e intelligenza.

Milano, marzo 1999: Smetto di frequentare la Chiesa Rossa. Mi hanno indotto a prendere questa decisione diverse ragioni. Giacomo si è legato sempre più alla comunità di universitari e di giovani famiglie formata dal teologo don Lia e ritengo che, come adolescente che tende naturalmente ad assumere atteggiamenti conflittuali nei confronti della figura materna, debba fare le sue esperienze e le sue scelte da sé, senza la mia presenza che potrebbe essere troppo ingombrante per lui. Anche Gianni ha trovato un forte riferimento in don Giulio e si sente più libero di esprimere se stesso quando non ci sono io. Inoltre i miei rapporti personali con don Lia sono andati sempre più peggiorando.
Sono in ansia per il futuro di Giacomo, così intelligente e precoce. Tuttavia so che il mio posto non è più in Chiesa Rossa, che lì ho fatto quello che dovevo fare e che mi devo staccare da tutto, dagli affetti umani come dalle cose.

Milano, 27 ottobre 1999, mercoledì: Muore Eugenio Segantini. Aveva affrontato con grande coraggio, senza mai un lamento, l'atroce malattia che lo ha consumato e le terapie con cui, fino all'ultimo, si è cercato di salvarlo. Aveva continuato i suoi studi alla Bocconi, dando tutti gli esami con ottimi voti, fino alla fine di giugno. Negli ultimi mesi si era fatto carico soprattutto di sostenere i suoi familiari nella loro sofferenza. Don Giulio era andato a trovarlo in ospedale. Brevi incontri di poche, dense parole. Eugenio

non era battezzato e, con grande umiltà, giudicò sé stesso impreparato a ricevere il sacramento poco prima della morte. Aveva accettato invece che la Chiesa Rossa pregasse per lui.

Milano, 29 ottobre 1999, venerdì: Nel primo pomeriggio si svolgono in Chiesa Rossa le esequie di Eugenio. La chiesa è piena di gente: ci sono i colleghi di lavoro dei genitori – tra cui diverse personalità – i compagni di scuola, gli amici che gli sono stati sempre vicini durante la malattia. Giovannibattista è arrivato da Boston e legge le letture bibliche con un filo di voce che si sente a fatica. Suona l'organo Fabrizio, un ragazzo di diciassette anni, amico di mio figlio Giacomo. Nella chiesa si diffonde un senso sempre maggiore di raccoglimento, quasi di pace. Nessuno piange, neanche i genitori. La luce dell'opera di Flavin, dapprima debole e poi sempre più forte per il calare della nebbia che precede le tenebre, avvolge tutti come in un grande abbraccio. Mi chiedo se Dan abbia mai pensato che le sue lampade un giorno avrebbero illuminato una madre, un padre, un fratello stretti attorno a un ragazzo morto a vent'anni.

Milano, 5 maggio 2002, domenica: Riceve il battesimo in Chiesa Rossa Argento Lucio Celant, di quasi due anni, figlio di Germano.

Milano, 10 luglio 2004, sabato: Alle 19 si sposano in Chiesa Rossa Giovanna Milella ed Edoardo Segantini, mamma e papà di Eugenio, dopo 27 anni di matrimonio civile. La cerimonia è intima e molto raccolta. Gli sposi esprimono con semplicità e immediatezza la loro gioia serena. Tutti sentono chiaramente che Eugenio è tra noi e che ha speso la sua vita per riunirci tutti insieme.
All'imbrunire gli sposi escono dalla chiesa, calorosamente festeggiati dai presenti. Attraverso il portone ancora aperto lancio un ultimo sguardo all'interno, verso le luci che stanno prendendo forza e che, con il crepuscolo, diventano di un tenero color violetto.

Milano, 14 settembre 2004, martedì:
Mio figlio Giacomo entra in seminario.

Ringrazio don Giulio Greco per avermi permesso di pubblicare le sue due lettere indirizzate a Flavin e Paola Mola per la sua attenta lettura della prima stesura del testo e i suoi preziosi, amichevoli consigli.

undergone surgery for brain cancer and that his condition is very worrying. This news deeply upsets us because of our strong links with the boy, his brother—who is the same age as my younger son—and their family. [After Christmas Eugenio's parents come to see the Chiesa Rossa, which we described so enthusiastically, and find an environment that will comfort them in their sorrow. They will start to see a new light from which to draw the force needed to accept such a terrible thing as the illness and death of a twenty-year-old son, a very intelligent and good-natured boy.]

Milan, March 1999: I stop attending the Chiesa Rossa. Several reasons lie behind this decision: Giacomo is deeply involved with the community of university students and young families formed by the theologian Father Pierluigi. I believe that adolescents naturally tend to be in conflict with their mothers and that he is entitled to have his own experiences without being encumbered with my presence. Even Gianni has established a strong link with Father Giulio and feels freer to express himself when I am not around. Beside this, my personal relationship with Father Pierluigi has deeply deteriorated. I am anxious about the future of my son Giacomo, who is so intelligent and precocious. However I know that my place is no longer at the Chiesa Rossa, where I have done what I had to do, and I must detach myself from everything, from both human affections and from material things.

Milan, Wednesday 27 October 1999: Eugenio Segantini has died. He had faced with great courage, without ever complaining, the atrocious illness and the treatment he was given in an attempt to save him. Until the end of June he had continued his studies, successfully passing all the exams. In his last months he was concerned, first and foremost, with the suffering of his family. Father Giulio went to see him in hospital: these were short visits in which just a few, intense words were exchanged. Eugenio had not been baptized and, with great humility, he decided that he was unprepared to receive the last rites before his death. However, he agreed that the

congregation of the Chiesa Rossa should pray for him.

Milan, Friday 29 October 1999: Eugenio's funeral takes place at the Chiesa Rossa in the early afternoon. The church is full of people: his parents' colleagues, among them some well-known people, schoolmates and the friends who were close to him during his illness. Giovannibattista is home from Boston and reads Bible passages in a very low voice. Fabrizio, a seventeen-year-old boy who is a friend of my son Giacomo, plays the organ. The church is pervaded by a sense of concentration and peace. Nobody cries, not even the parents. The light of the Flavin installation, weak at first, then stronger and stronger as the fog comes down before nightfall, envelops everybody as in an embrace. I wonder whether Dan ever thought that his lamps would one day illuminate a mother, father and brother gathered around a boy who has died at twenty.

Milan, Sunday 5 May 2002: Argento Lucio Celant, Germano Celant's son, who is nearly two years old, is baptized at the Chiesa Rossa.

Milan, Saturday 10 July 2004: At 7 p.m. Giovanna Milella and Edoardo Segantini, Eugenio's mother and father are married with a religious ceremony at the Chiesa Rossa after twenty-seven years of civil marriage. The wedding is intimate and very quiet. The bride and bridegroom express their serene joy with simplicity and spontaneity. Everybody clearly feels that Eugenio is with us and that he has given his life to reunite us.
At sunset the bride and bridegroom leave the church, receiving a rousing send-off from all those present. Through the doorway, which is still open, I take a last look inside the church, towards the lights that, as they grow stronger in the dusk, become a soft violet.

Milan, Tuesday 14 September 2004: My son Giacomo is admitted to a seminary.

I would like to thank Father Giulio Greco for allowing me to publish the two letters addressed to Flavin and Paola Mola for her careful reading of the first version of the text and for her precious advice.

77

Opere / Works

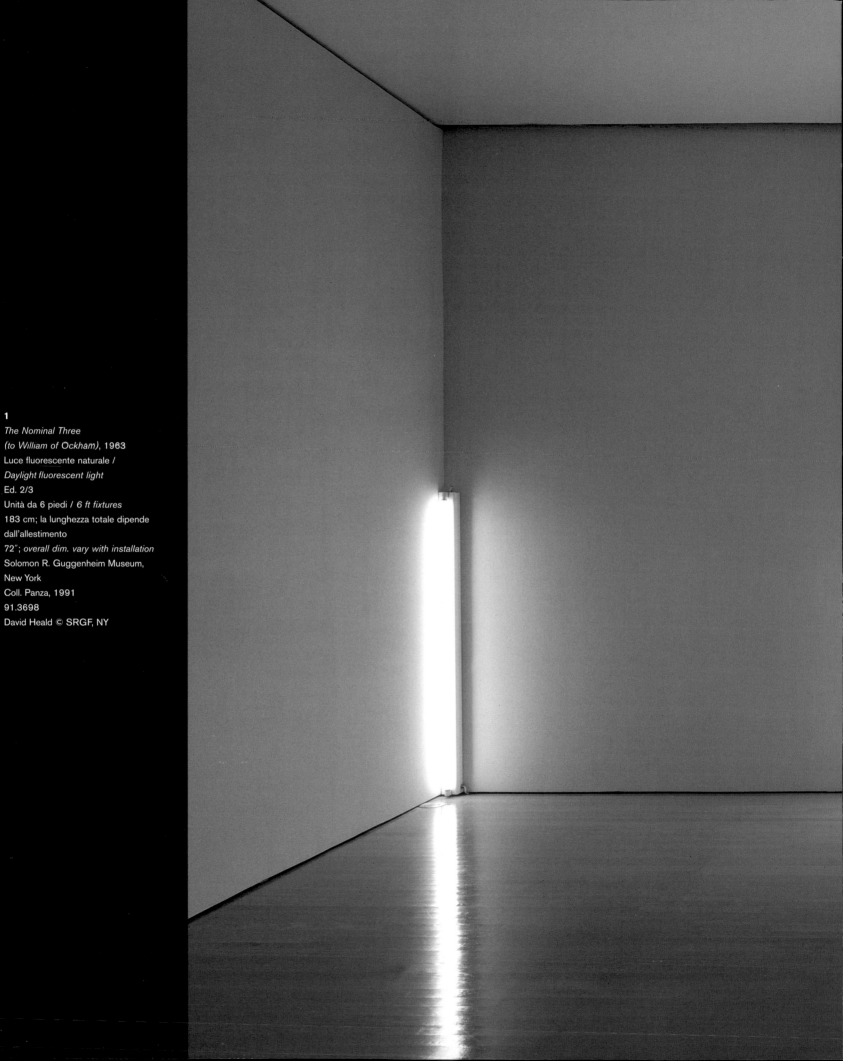

1

The Nominal Three
(to William of Ockham), 1963
Luce fluorescente naturale /
Daylight fluorescent light
Ed. 2/3
Unità da 6 piedi / *6 ft fixtures*
183 cm; la lunghezza totale dipende
dall'allestimento
72"; overall dim. vary with installation
Solomon R. Guggenheim Museum,
New York
Coll. Panza, 1991
91.3698
David Heald © SRGF, NY

2

Untitled (to Henri Matisse), 1964
Luce fluorescente rosa, gialla, blu,
verde / *Pink, yellow, blue, green*
fluorescent light
Ed. 2/3
Unità da 8 piedi / *8 ft fixtures*
243,8 x 25,4 x 12,7 cm
96″ x 10″ x 5″
Solomon R. Guggenheim Museum,
New York
Coll. Panza
Donazione 1992 / *Gift 1992*
92.4113
David Heald © SRGF, NY.

3

Untitled, 1963-66

Luce fluorescente bianco freddo
e bianco caldo / *Cool white
and warm white fluorescent light*

Ed. 1/3

Unità da 5 piedi / *5 ft fixtures*

304,8 (altezza massima) x 27,9 x 19,1 cm

120″ x 11″ x 7¹/₂″ *high overall*

Solomon R. Guggenheim Museum,
New York

Coll. Panza, 1991

91.3699

David Heald © SRGF, NY

4

Untitled, 1964
Luce fluorescente bianco freddo /
Cool white fluorescent light
Ed. 1/3
Unità da 2 piedi / *2 ft fixtures*
10,16 x 339,09 x 215,26 cm totale
4″ x 133$^1/_2$″ x 84$^3/_4$″, *overall*
Solomon R. Guggenheim Museum,
New York
Coll. Panza, 1991
91.3700
David Heald © SRGF, NY

5

*Monument on the survival
of Mrs. Reppin*, 1966
Luce fluorescente bianco caldo e rossa /
Warm white and red fluorescent light
Ed. 1/3
Unità da 2 e 8 piedi / *2 and 8 ft fixtures*
73 x 255,3 x 255,3 cm
$28^3/_4$" x $100^1/_2$" x $100^1/_2$" *overall*
Solomon R. Guggenheim Museum,
New York
Coll. Panza, 1991
91.3701
David Heald © SRGF, NY

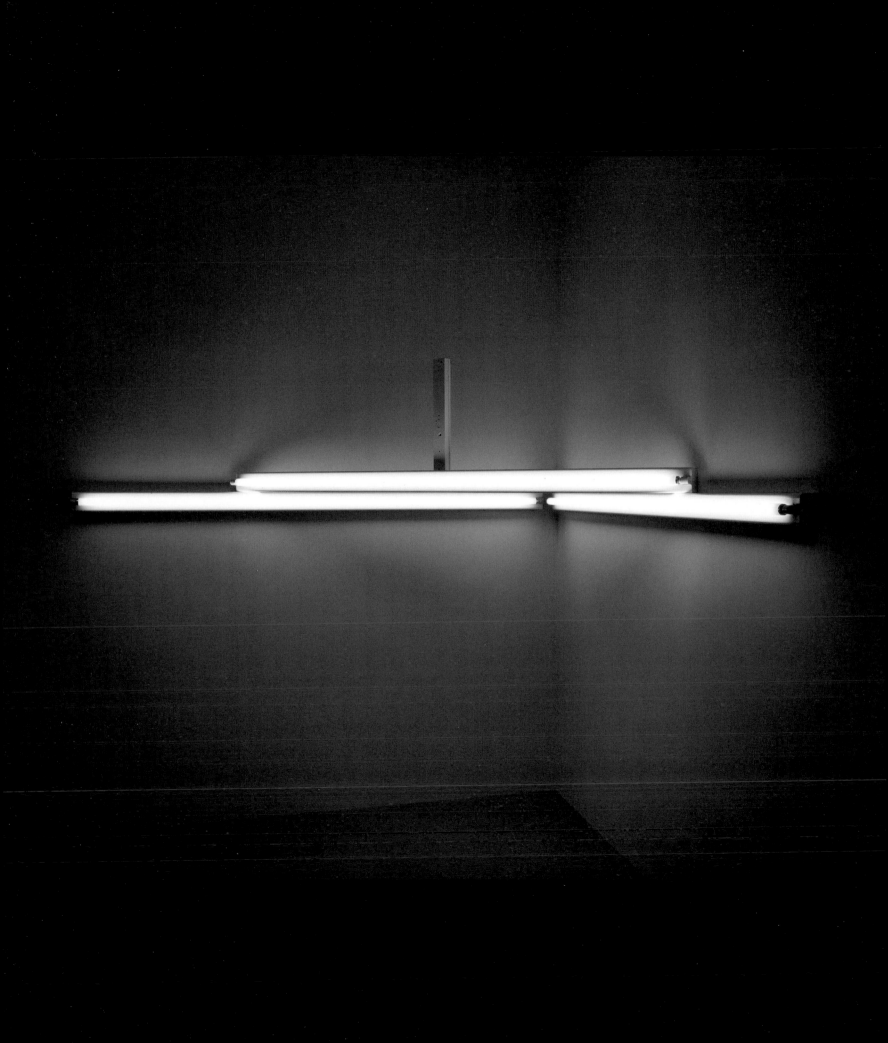

6

Untitled (to Barbara Nüsse), 1971
Luce fluorescente blu e rosa /
Blue and pink fluorescent light
Ed. 8/50
Unità da 2 piedi / *2 ft fixtures*
60,96 x 60,96 x 40,6 cm
24″ x 24″ x 16″
Solomon R. Guggenheim Museum,
New York
Coll. Panza
Donazione 1992 / *Gift 1992*
92.4118
David Heald © SRGF, NY

7

Untitled (to Don Judd, Colorist) 1,
1987
Luce fluorescente rosa /
Pink fluorescent light
6 unità / *6 fixtures*
137,2 x 121,9 x 10,2 cm
54″ x 47¹⁵/₁₆″ x 4″
Coll. Panza
DF41
© Giorgio Colombo, Milano

Untitled (to Don Judd, Colorist) 2,
1987
Luce fluorescente rossa e rosa /
Red and pink fluorescent light
6 unità / *6 fixtures*
137,2 x 121,9 x 10,2 cm
54″ x 47¹⁵/₁₆″ x 4″
Coll. Panza
DF42
© Giorgio Colombo, Milano

Untitled (to Don Judd, Colorist) 3,
1987
Luce fluorescente rosa e gialla /
Pink and yellow fluorescent light
6 unità / *6 fixtures*
137,2 x 121,9 x 10,2 cm
54″ x 47¹⁵/₁₆″ x 4″
Coll. Panza, Milano
DF43
© Giorgio Colombo

Untitled (to Don Judd, Colorist) 4,
1987
Luce fluorescente rosa e blu /
Pink and blue fluorescent light
6 unità / *6 fixtures*
137,2 x 121,9 x 10,2 cm
54″ x 47¹⁵/₁₆″ x 4″
Coll. Panza
DF44
© Giorgio Colombo, Milano

Untitled (to Don Judd, Colorist) 5,
1987
Luce fluorescente rosa e verde /
Pink and green fluorescent light
6 unità / *6 fixtures*
137,2 x 121,9 x 10,2 cm
54″ x 47¹⁵/₁₆″ x 4″
Coll. Panza
DF45
© Giorgio Colombo, Milano

8

*An artificial barrier of blue, red and blue
fluorescent light (to Flavin Starbuck
Judd)*, 1968
Luce fluorescente blu e rossa /
Blue and red fluorescent light
Unità da 2 e 4 piedi / *2 and 4 ft fixtures*
66,04 x 1413,5 x 30,5 cm
24" x 556¹/₂" x 12"
Solomon R. Guggenheim Museum,
New York
Coll. Panza, 1991
91.3707
David Heald © SRGF, NY

9

Varese Corridor, 1976

Luce fluorescente verde, rosa e gialla /

Green, pink and yellow fluorescent light

558 x 2855 x 254 cm

$219^5/_8$" x 1124" x $100^{15}/_{16}$"

Realizzazione *site-specific* /

Site-specific installation

The Solomon R. Guggenheim

Foundation, NY

Coll. Panza

Dono 1992, prestito permanente /

Gift 1992, on permanent loan

FAI, Villa Panza, Rustici, I piano /

Service wing, 1ˢᵗ floor

© Giorgio Colombo, Milano

10

Untitled, 1964

Luce fluorescente rossa e gialla /

Red and yellow fluorescent light

Ed. 1/5

17,7 x 243,8 x 12,7 cm

$6^{15}/_{16}$" x $95^{15}/_{16}$" x $4^{15}/_{16}$"

FAI, Villa Panza, Rustici, I piano /

Service wing, 1ˢᵗ floor

© Giorgio Colombo, Milano

11

Ursula's One and Two Picture, 1964
Luce fluorescente ultravioletta /
Ultraviolet fluorescent light
Ed. 1/3
77 x 126 x 12 cm
$30^5/_{16}$" x $49^9/_{16}$" x $4^{11}/_{16}$"
The Solomon R. Guggenheim
Foundation, NY
Coll. Panza
Dono 1992, prestito permanente /
Gift 1992, on permanent loan
FAI, Villa Panza, Rustici, I piano /
Service wing, 1ˢᵗ floor
© Giorgio Colombo, Milano

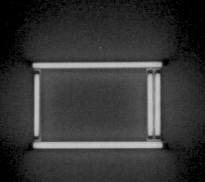

12

Untitled 6B, 1968
Luce fluorescente rossa e verde /
Red and green fluorescent light
304,8 x 23 x 10,2 cm
$120^{15}/_{16}$" x 9" x 4"
The Solomon R. Guggenheim
Foundation, NY
Coll. Panza
Dono 1992, prestito permanente /
Gift 1992, on permanent loan
FAI, Villa Panza, Rustici, I piano /
Service wing, 1st floor
© Giorgio Colombo, Milano

13
Ultraviolet Fluorescent Light Room,
1968
Luce fluorescente ultravioletta /
Ultraviolet fluorescent light
349 x 595 x 873 cm
137³/₈" x 234¹/₄" x 343¹¹/₁₆"
The Solomon R. Guggenheim
Foundation, NY
Coll. Panza
Dono 1992, prestito permanente /
Gift 1992, on permanent loan
FAI, Villa Panza, Rustici, I piano /
Service wing, 1ˢᵗ floor
© Giorgio Colombo, Milano

14

Gold, Pink, Red and Red, 1964
Luce fluorescente gialla, rosa e rossa /
Yellow, pink and red fluorescent light
Ed. 1/3
12 x 243,8 x 38 cm
$4^{11}/_{16}$" x $95^{15}/_{16}$" x $14^{15}/_{16}$"
The Solomon R. Guggenheim
Foundation, NY
Coll. Panza
Dono 1992, prestito permanente /
Gift 1992, on permanent loan
FAI, Villa Panza, Rustici, I piano /
Service wing, 1ˢᵗ floor
© Giorgio Colombo, Milano

15

Monument for Those Who Have
Been Killed in Ambush (to PK
who reminded me about death), 1966
Luce fluorescente rossa /
Red fluorescent light
Ed. 2/3
29 x 250 x 190 cm
$11^3/_8$" x $98^3/_8$" x $74^3/_4$"
The Solomon R. Guggenheim
Foundation, NY
Coll. Panza
Dono 1992, prestito permanente /
Gift 1992, on permanent loan
FAI, Villa Panza, Rustici, I piano /
Service wing, 1ˢᵗ floor
© Giorgio Colombo, Milano

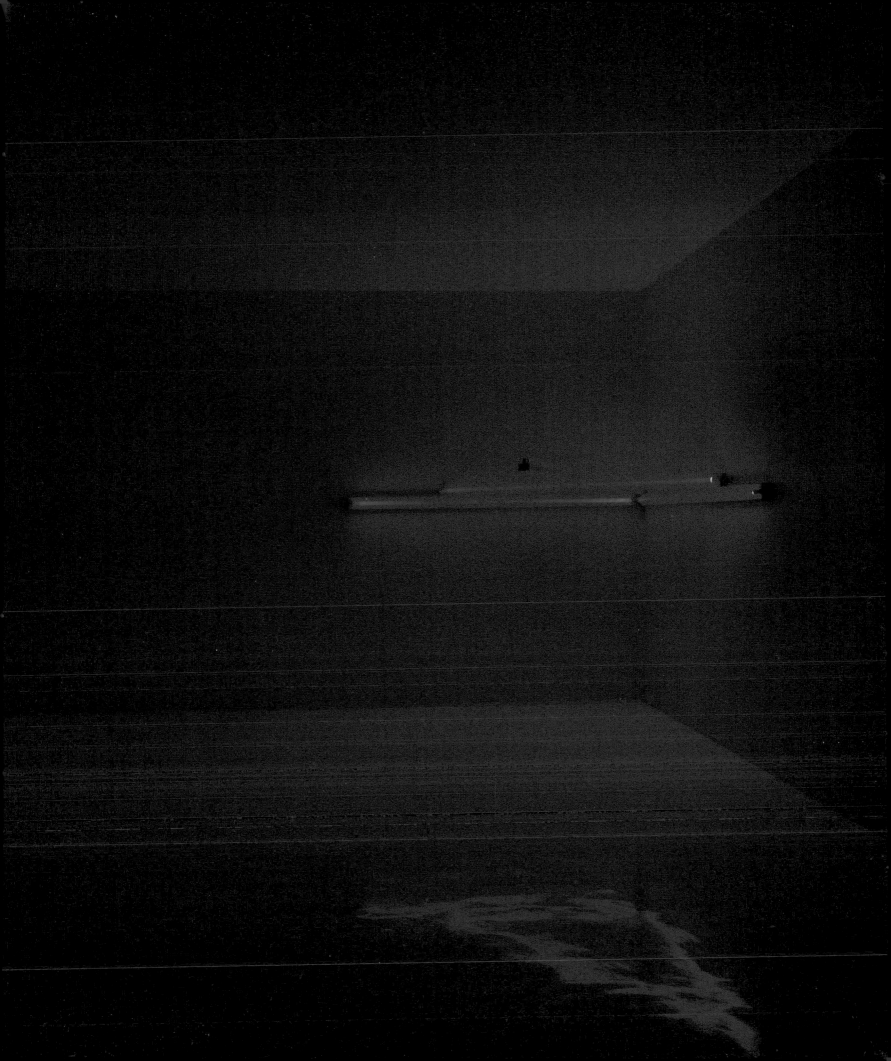

16

Untitled (to S.A. Lovingly), 1987

Luce fluorescente blu e rossa /

Blue and red fluorescent light

Ed. 1/3

243,8 x 243,8 x 25,4 cm

95$^{15}/_{16}$" x 95$^{15}/_{16}$" x 9$^{15}/_{16}$"

FAI, Villa Panza, Rustici, I piano /

Service wing, 1st floor

© Giorgio Colombo, Milano

17

Untitled (in Loving Memory of Toiny from Leo and Dan), 1987
Luce fluorescente rosa, gialla e blu /
Pink, yellow and blue fluorescent light
Ed. 1/3
348 x 540 x 930 cm
137" x 212^9/$_{16}$" x 366^1/$_8$"
FAI, Villa Panza, Rustici, I piano /
Service wing, 1st floor
© Giorgio Colombo, Milano

Alle pagine / *Pages* 118-119
18

Untitled (to V. Mayakowsky) 1, 1987
Luce fluorescente rossa /
Red fluorescent light
Ed. 1/5
101,6 x 122 x 10,2 cm
40^{15}/$_{16}$" x 48" x 4"
FAI, Villa Panza, Rustici, I piano /
Service wing, 1st floor
© Giorgio Colombo, Milano

19

Untitled (to V. Mayakowsky) 2, 1987
Luce fluorescente rossa /
Red fluorescent light
Ed. 1/5
101,6 x 139,7 x 10,2 cm
40^{15}/$_{16}$" x 55^{15}/$_{16}$" x 4"
FAI, Villa Panza, Rustici, I piano /
Service wing, 1st floor
© Giorgio Colombo, Milano

20

Untitled, 1987

Luce fluorescente rosa e gialla /

Pink and yellow fluorescent light

Ed. 1/3

243,8 x 243,8 x 25,4 cm

$95^{15}/_{16}"$ x $95^{15}/_{16}"$ x $9^{15}/_{16}"$

FAI, Villa Panza, Rustici, I piano /

Service wing, 1ˢᵗ floor

© Giorgio Colombo, Milano

Apparati / Appendix

Biografia

Biography

Dan Flavin
(New York 1933-1996)

Dan Flavin è uno degli artisti più importanti della compagine americana definita con il nome di Minimalismo.

La sua vita affettiva fu segnata dal difficile rapporto con la madre, che lo rifiutò in quanto nato inaspettatamente come secondo di due gemelli maschi.

Il padre, fervente cattolico, costrinse entrambi i figli a studiare in un seminario gesuita, dove Dan maturò al tempo stesso una conoscenza approfondita della teologia e una intensa spiritualità, ma anche un irreversibile distacco dalla fede e un irrefrenabile bisogno di piacere fisico.

Nel 1952 si diplomò con il fratello presso il Cathedral College of the Immaculate Conception di Douglaston a New York.

Nel 1954-1955 svolse il servizio militare in Corea del Sud, come osservatore meteorologico, e studiò arti visive attraverso il distaccamento in Corea dell'Università del Maryland.

Dopo il suo ritorno a New York nel 1956, studiò arte per un breve periodo alla Hans Hofmann School e storia dell'arte alla New School for Social Research, la sede in cui stava nascendo la migliore avanguardia americana. Nel 1959 frequentò le classi di disegno e pittura presso la prestigiosa Columbia University.

Risalgono a questi anni le prime opere di Flavin: collages, assemblaggi, acquerelli e piccoli dipinti su legno in cui si avverte l'influenza dell'Espressionismo Astratto.

Nel 1961 tenne la sua prima mostra personale alla Judson Gallery di New York e, nell'estate dello stesso anno, mentre lavorava come custode all'American Museum of Natural History di New York, incominciò a sperimentare l'applicazione di lampadine elettriche su quadri in legno dipinto o masonite, che definì "icone".

Il suo primo lavoro "minimalista" risale al 1963 e consiste in un tubo al neon di colore dorato appeso in diagonale alla parete. L'opera, intitolata ironicamente *Diagonal of personal ecstasy*, è dedicata a Brancusi e inaugura quella che diviene una costante dei lavori di Flavin: l'omaggio a personaggi del passato e ad artisti come Mondrian, Lichtenstein, Tatlin. A quest'ultimo – e al suo progetto per un monumento alla

Dan Flavin
(New York 1933–96)

Dan Flavin was one of the most important artists of the American group referred to as Minimalists.

His emotional life was marked by a difficult relationship with his mother, who rejected him as he was the unexpected second son in a pair of male twins. His father, who was a fervent Catholic, obliged both sons to study in a Jesuit seminary where Dan developed a deep knowledge of theology and intense spirituality at the same time as an irreversible disengagement from the Christian faith and an uncontrollable need for physical pleasure.

In 1952 he graduated with his brother from the Cathedral College of the Immaculate Conception in Douglaston, New York.

In 1954–55 he did his military service in South Korea as a meteorological observer and studied the visual arts through the University of Maryland Extension Program in Korea.

On his return to New York in 1956, he studied art for a short period at the Hans Hofmann School and history of art at the New School for Social Research, where the best American avant-garde was nascent. In 1959 he took drawing and painting classes at Columbia University.

This was the period that Flavin produced his first works. They were collages, assemblages, watercolours and small paintings on wood in which the influence of Abstract Expressionism is apparent.

In 1961 he had his first one-man show at the Judson Gallery in New York, and, during the summer of the same year while he was working as a guard at the American Museum of Natural History in New York, he began to experiment with light sculptures in which electric light bulbs were applied on painted wood or masonite. He called these "icons".

His first "minimalist" work dates from 1963. It is a gilded fluorescent tube hung diagonally on the wall. The work was given the ironic title of *Diagonal of personal ecstasy* and was dedicated to Brancusi. It was the first of what was to become a constant in Flavin's works: a tribute to people from the past and artists like Mondrian, Lichtenstein and Tatlin. To Tatlin, and his project for a monument to the

Terza Internazionale – Flavin dedicò un importante ciclo di opere tra il 1964 e il 1985.

Una nuova personale ebbe luogo alla Kayman Gallery di New York nel 1964.

Nel 1966 partecipò alla mostra "Primary Structures" al Jewish Museum di New York, che sancì la nascita della Minimal Art, e l'anno successivo venne riconosciuto come uno dei più importanti esponenti del Minimalismo in occasione della sua mostra personale al Museum of Contemporary Art di Chicago, in cui allestì una delle sue prime installazioni: *Pink and Gold.*

Nel 1968 partecipò a Documenta di Kassel presentando una stanza interamente oscurata e animata da raggi ultravioletti, acquistata da Giuseppe Panza e ora presente nell'esposizione permanente della Villa di Varese.

Da questo momento Flavin sperimenta schemi compositivi complessi, utilizzando una gamma cromatica ristretta a nove colori (blu, verde, rosa, rosso, giallo e quattro varietà di bianco) e tubi al neon, corrispondenti a quattro misure standard reperibili sul mercato (due, quattro, sei e otto piedi).

La sua ricerca si concentra sul rapporto tra installazioni e spazio espositivo. Consapevole delle potenzialità plastiche e suggestive della luce, Flavin giunge a rompere i confini tra pittura, scultura e architettura, trasformando e manipolando la percezione dell'ambiente sino a farlo diventare un elemento costitutivo dell'opera. Le caratteristiche del luogo espositivo – sia esso museo, galleria o spazio pubblico – diventano per l'artista elementi sempre più importanti nell'elaborazione delle sue creazioni: "Preferisco essere influenzato da situazioni. Datemi un luogo da illuminare e mi inventerò un'installazione che lo metterà in risalto".

Flavin elaborò spesso opere *site specific*, facendo interagire il suo lavoro con architetture storiche o contemporanee, come per esempio a New York alla Grand Central Station (1976) e nella sede della Dia Foundation (1996), alla Chinati Foundation a Marfa nel Texas (1996), in Europa allo Stedelijk Museum di Amsterdam e alla Galleria d'Arte Moderna di Stoccarda, in Italia a Varese in Villa Panza (1976) e a Milano presso Santa Maria Annunciata in Chiesa Rossa (1996).

Third International, Flavin dedicated an important cycle of works between 1964 and 1985.

He was given a solo exhibition at the Kayman Gallery in New York in 1964. In 1966 he participated in the exhibition "Primary Structures" at the Jewish Museum in New York, which confirmed the birth of Minimal Art. The following year he was recognised as one of the most important exponents of Minimalism at his solo show at the Museum of Contemporary Art in Chicago, where *Pink and Gold*, one of his first installations was fitted.

In 1968 he was represented at the Documenta in Kassel with a darkened room animated by ultraviolet lights. The installation was purchased by Giuseppe Panza and is now one of the permanent exhibits in the Villa di Varese. From this time on, Flavin experimented with complex compositions using a range of nine colours (blue, green, pink, red, yellow and four types of white) and fluorescent neon tubes of four standard lengths (two, four, six and eight feet long).

His work concentrated on the relationship between installations and the space they were exhibited in. Aware of the three-dimensional potential and beauty of light, Flavin broke the boundaries that separated painting, sculpture and architecture, transforming and manipulating the observer's perception of the setting until the setting itself became a feature of the work. The characteristics of the exhibition space—whether it was a museum, gallery or public space—became increasingly important to the creation of his works. "I prefer to be influenced by situations. Give me a place to light and I will invent an installation that will bring it out."

Flavin often worked on "site specific", making his work interact with historic or contemporary architecture, for example, Grand Central Station in New York (1976), the headquarters of the Dia Foundation (1996), the Chinati Foundation in Marfa, Texas (1996), in Europe at the Stedelijk Museum in Amsterdam, the Modern Art Gallery in Stuttgart, Villa Panza in Varese in Italy (1976), and the church of Santa Maria Annunciata in Chiesa Rossa in Milan (1996).

Esposizioni e bibliografia essenziali / Essential Exhibition and Bibliographical References

1961

"Dan Flavin: Constructions and Watercolors", Judson Gallery, 8 maggio / *8 May* – 5 giugno / *5 June*.

1964

Rosenblun, Robert, *Pop Art and Non-Pop Art*, "Art and Literature", estate / *Summer*, n. 5, pp. 80-93.

"Some Light", Kayman Gallery, New York, 5-29 marzo / *5–29 March*.

1965

"Dan Flavin", Ohio State University, Columbus, Ohio, aprile-maggio / *April-May* (mostra senza catalogo / *exhibition without catalogue*).

"Current Art", Institute of Contemporary Art, University of Pennsylvania, Philadelphia, 18 marzo / *18 March* – 10 maggio / *10 May* (mostra senza catalogo / *exhibition without catalogue*).

"Art Turned On", The Istitute of Contemporary Art, Boston, Massachusetts, 10 dicembre / *10 December*, 1965 – 30 gennaio / *30 January* 1966 (mostra senza catalogo / *exhibition without catalogue*).

Rose, Barbara, *ABC Art*, "Art in America", ottobre / *October*, pp. 57-69.

1966

"Dan Flavin", Galerie Rudolf Zwirnern, Colonia */Cologne*, 16 settembre / *16 September* – 31 ottobre / *31 October*.

"Primary Structures: Younger American and British Sculptors", The Jewish Museum, New York, 27 aprile / *27 April* – 12 giugno / *12 June* (catalogo della mostra / *exhibition catalogue Primary Structures: Younger American and British Sculptors*, The Jewish Museum, New York, 1966).

"Electric Art", Galerie Ileana Sonnabend, Paris, maggio-giugno / *May–June* (mostra senza catalogo / *exhibition without catalogue*).

Smithson, Robert, *Entropy and the New Monuments,* "Artforum", giugno / *June*, pp. 26-31.

1967

"Alternating pink and 'gold'", Museum of Contemporary Art, Chicago, 9 dicembre / *9 December* 1967 – 14 gennaio / *14 January* 1968 (catalogo della mostra / *exhibition catalogue Alternating pink and 'gold'*, Museum of Contemporary Art, Chicago, 1967).

"American Sculpture of the Sixties", Los Angeles County Museum of Art, Los Angeles, 28 aprile / *28 April* – 25 giugno / *25 June*; la mostra prosegue presso / *the exhibition continues at*: Philadelphia Museum of Art, Philadelphia, Pennsylvania, 15 settembre / *15 September* – 29 ottobre / *29 October* (catalogo della mostra / *exhibition catalogue American Sculpture of the Sixties*, Los Angeles County Museum of Art, Los Angeles, 1967).

"Dan Flavin", Galleria Sperone, Milano / *Milan*, 14 febbraio / *14 February* – 15 marzo / *15 March*.

"Recent Acquisitions", The Whitney Museum of American Art, New York, 17 maggio / *17 May* – 18 giugno / *18 June* (mostra senza catalogo / *exhibition without catalogue*).

"The 1960's: Painting and Sculpture from the Museum Collection", The Museum of Modern Art, New York, 28 maggio / *28 May* – 24 giugno / *24 June* (mostra senza catalogo / *exhibition without catalogue*).

1968

"documenta 4", Galerie an der Schonen Aussicht, Museum Fridericianum, Orangerie im Huepark, Kassel, 27 giugno / *27 June* – 6 ottobre / *6 October* (catalogo della mostra / *exhibition catalogue documenta 4*, Galerie an der Schonen Aussicht, Museum Fridericianum, Orangerie im Huepark, Kassel, 1968).

"Light: Object and Image", The Whitney Museum of American Art, New York, 23 luglio / *23 July* – 29 settembre / *29 September* (catalogo della mostra / *exhibition catalogue Light: Object and Image*, The Whitney Museum of American Art, New York, 1968).

"Benefit for the Student Mobilization Committee to End the War in Vietnam", Paula Cooper Gallery, New York and Leo Castelli Gallery, New York, 23-31 ottobre / *23–31 October* (mostra senza catalogo / *exhibition without catalogue*).

"In Honor of Dr. Martin Luther King, Jt", The Museum of Modern Art, New York, 31 ottobre / *31 October* – 3 novembre / *3 November* (mostra senza catalogo / *exhibition without catalogue*).

Leider, Philip, *The Flavin Case*, "The New York Times", 24 novembre / *24 November*, pp. D 27-28.

1969

"Dan Flavin: fluorescent light, etc.", The National Gallery of Canada, Ottawa, 13 settembre / *13 September* – 19 ottobre / *19 October*; la mostra prosegue presso / *the exhibitions*

continues at: Vancouver Art Gallery, Vancouver, British Columbia, Canada, 12 novembre / *12 November* – 11 dicembre / *11 December*, The Jewish Museum, New York, 21 gennaio / *21 January* – 1° marzo / *1ˢᵗ March* 1970 (catalogo della mostra / *exhibition catalogue Dan Flavin: fluorescent light etc.*, The National Gallery of Canada, Ottawa, 1969).

1970

"Dan Flavin", Los Angeles County Museum of Art, Los Angeles (mostra senza catalogo / *exhibition without catalogue*).

1973

"Drawings and diagrams 1963-1972 from Dan Flavin – Corners barriers and corridors in fluorescent light from Dan Flavin", The Saint Louis Art Museum, Saint Louis, Missouri, 26 gennaio / *29 January* – 11 marzo / *11 March* (catalogo della mostra / *exhibition catalogue Drawings and diagrams, 1963–1972 – Corners, barriers and corridors in fluorescent light from Dan Flavin*, The Saint Louis Art Museum, Saint Louis, Missouri, 1973).

1975

"Zeichnungen, Diagramme, Druckgraphik 1972 bis 1975 und Zwei Installationen in fluoreszierendem Licht von Dan Flavin", Kunstmuseum Basel, Basel, 8 marzo / *8 March* – 27 aprile / *27 April* (catalogo della mostra / *exhibition catalogue Kunstballe Basel, fünf Installationen in fluoreszierendem Licht von Dan Flavin – Kunstmuseum Basel, Zeichnungen, Diagramme, Druckgraphik 1972 bis 1975 und zwei Installationen in fluoreszierendem Licht von Dan Flavin*, Kunstmuseum Basel, Basel, 1975).

1983

Apre la mostra permanente dell'opera di Dan Flavin presso il Dan Flavin Art Institute, Dia Art Foundation, Bridgehampton, New York / *Opening of the permanent exhibition of the works by Dan Flavin at the Dan Flavin Art Institute, Dia Art Foundation, Bridgehampton, New York.*

1986

"Dan Flavin: Light Installations", Stedelijk Museum, Amsterdam, 24 ottobre / *24 October* – 7 dicembre / *7 December* (mostra senza catalogo / *exhibition without catalogue*).

1992

"Dan Flavin", Solomon R. Guggenheim Museum, New York, giugno / *June* (catalogo della mostra / *exhibition catalogue Dan Flavin*, Solomon R. Guggenheim Museum, New York, 1992).

1995

"Dan Flavin", The Guggenheim Museum SoHo, New York, 13 settembre / *13 September* – 28 gennaio / *28 January* (mostra senza catalogo / *exhibition without catalogue*).

"European Couples and Others: Works by Dan Flavin", Dia Center for the Arts, New York, 14 settembre / *14 September*, 1995 – 23 giugno / *23 June*, 1996 (mostra senza catalogo / *exhibition without catalogue*).

1997

"Dan Flavin. Opere 1964-81", Fondazione Prada, Milano / *Milan*, 30 novembre / *30 November* 1997 – 31 gennaio / *31 January* 1998 (mostra senza catalogo / *exhibition without catalogue*).

1998

Celant, Germano (a cura di / *edited by*), *Cattedrali d'arte. Dan Flavin per Santa Maria in Chiesa Rossa*, Fondazione Prada, Milano / *Milan*.

1999

"Dan Flavin. The Architecture of Light", Deutsche Guggenheim, Berlino / *Berlin*, 6 novembre / *6 November*, 1999 – 13 febbraio / *13 February* 2000 (catalogo della mostra / *exhibition catalogue Dan Flavin. The Architecture of Light*, Deutsche Guggenheim, Berlino / *Berlin*, 1999).

2002

Light in Architecture and Art: The work of Dan Flavin, simposio ospitato da / *symposium hosted by* The Chinati Foundation, Marfa, Texas, 5-6 maggio / *5–6 May* 2001, The Chinati Foundation, Marfa.